starkeSeiten
Tastschreiblehrgang

von
Bernhard Seibert
Cornelia Seibert

Ernst Klett Verlag
Stuttgart • Leipzig

So arbeitest du mit dem starkeSeiten Tastschreiblehrgang

Die Einstiegsseiten
führen dich in das Thema ein und zeigen, was dich in dem Kapitel erwartet.

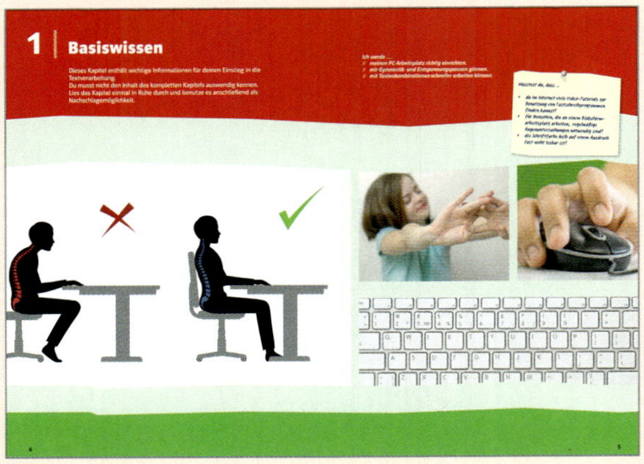

Auf den Basisseiten
erfährst du alles Wichtige zu einem Thema.

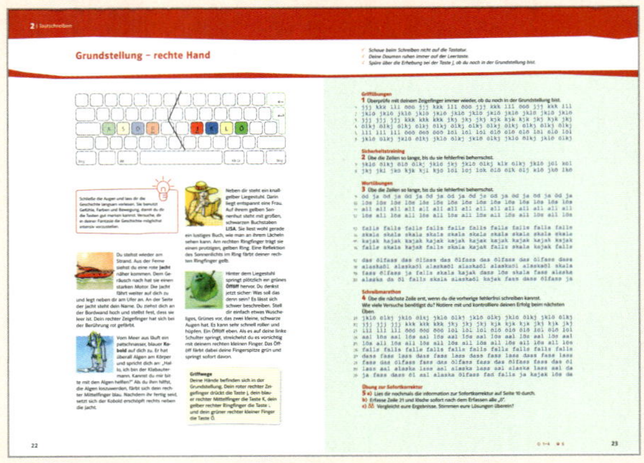

Die Trainingsseiten
enthalten Aufgaben zum Wiederholen und Üben.

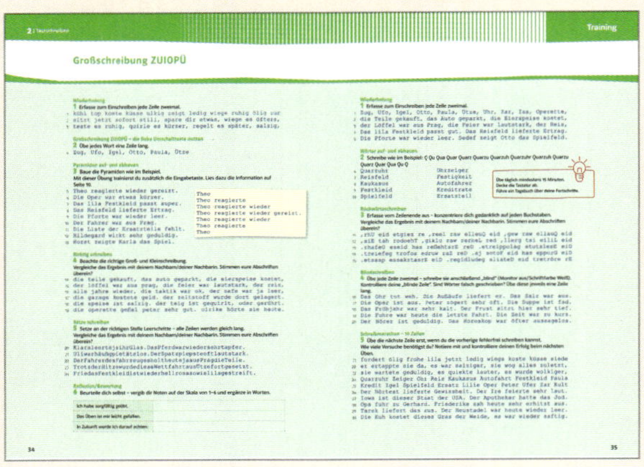

Die Extraseiten
halten längere Texte zum Üben für dich bereit.

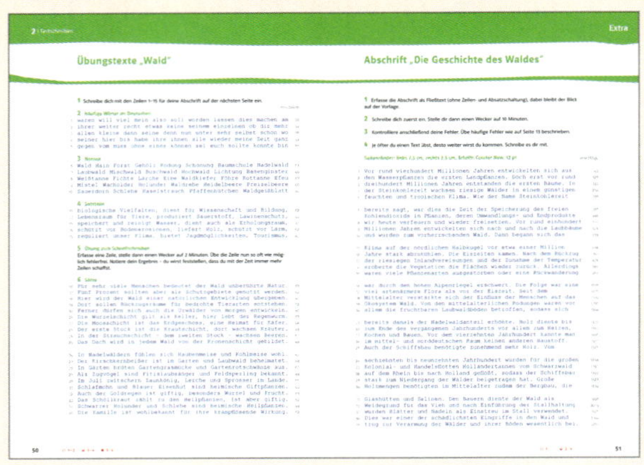

Zeichen, Kästen und Symbole

- Partneraufgaben
- Gruppenaufgaben
- Aufgaben für die gesamte Klasse
- ▷ Mit diesem Symbol sind Begriffe gekennzeichnet, die im Glossar erklärt werden.

Aufgaben
○ leichte ◒ mittlere ● schwere

Kästen mit der Glühbirne geben dir Tipps.

Kästen mit dem Ausrufezeichen sollen dich auf etwas aufmerksam machen.

1 Aufgaben, bei denen du dich mit den wichtigsten Inhalten der Seite beschäftigst

2 Aufgaben, mit denen du weiterarbeiten kannst

1 Basiswissen

Dieses Kapitel enthält wichtige Informationen für deinen Einstieg in die Textverarbeitung.
Du musst nicht den Inhalt des kompletten Kapitels auswendig kennen. Lies das Kapitel einmal in Ruhe durch und benutze es anschließend als Nachschlagemöglichkeit.

Ich werde ...

- *meinen PC-Arbeitsplatz richtig einrichten.*
- *mir Gymnastik- und Entspannungspausen gönnen.*
- *mit Tastenkombinationen schneller arbeiten können.*

Wusstest du, dass ...

- *du im Internet viele Video-Tutorials zur Benutzung von Tastschreibprogrammen finden kannst?*
- *für Menschen, die an einem Bildschirmarbeitsplatz arbeiten, regelmäßige Augenuntersuchungen notwendig sind?*
- *die Schriftfarbe Gelb auf einem Ausdruck fast nicht lesbar ist?*

Mein PC-Arbeitsplatz

1 Wie sitzt du am PC: So, …

2 … so …

3 … oder so?

Warum ist die Haltung so wichtig?

Wenn du mit einer falschen Haltung vor dem PC sitzt, versucht dein Körper, den Fehler auszugleichen. Dazu spannt er bestimmte Muskeln an – die ganze Zeit, solange du „falsch" sitzt! Das führt zu **Verspannungen** und als Folge kannst du **Rücken- und Nackenschmerzen** bekommen.

Du benötigst einen höhenverstellbaren Bürostuhl und Monitor und eventuell weiteres Zubehör wie einen Fußschemel. In der Schule kannst du nur die vorhandene Einrichtung nutzen. Zu Hause und später am Arbeitsplatz solltest du darauf achten, dir eine möglichst optimale Arbeitsumgebung zu schaffen.

Was ist die wichtigste Einstellung?

Für ein ermüdungsarmes Schreiben solltest du deine **Unterarme waagerecht** halten, ohne sie auf den Tisch aufzulegen. Dazu musst du in den meisten Fällen zuerst einmal den höhenverstellbaren Bürostuhl nach oben fahren. Überprüfe die Einstellung mit locker nach unten hängenden Schultern.

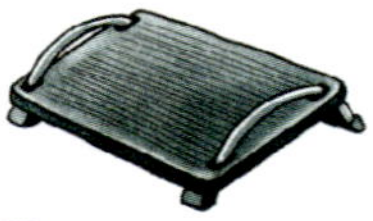

4 ein Fußschemel

Hilfe, meine Füße hängen in der Luft!

Wenn du den Bürostuhl so weit nach oben fahren musst, dass deine Füße den Boden nicht mehr berühren, kannst du sie meist auf dem Drehkreuz des Stuhls abstellen. Das ist natürlich keine dauerhafte Lösung. Als günstige Lösung kann ein einfacher kleiner **Fußschemel** 4 dienen. Die richtige Lösung ist aber ein spezieller Fußschemel für den Büroarbeitsplatz, bei dem die Oberfläche schräg zu dir zeigt, damit deine Füße besser durchblutet werden.

5 ein Aktivstuhl

Wie sitze ich richtig auf dem Stuhl?

Deine Oberschenkel sollten nicht an der Tischplatte anstoßen. Nutze beim Sitzen die gesamte Sitzfläche des Stuhls; die **Rückenlehne** sollte dich so stützen, dass du aufrecht und entspannt sitzt. Ein guter Stuhl hat eine eingebaute Feder, deren Stärke mit einer Einstellschraube an dein Körpergewicht angepasst wird. Stelle diese Feder zu Hause oder im Berufsleben so ein, dass sie deinen Rücken optimal beim aufrechten Sitzen unterstützt.

Am gesündesten ist das **dynamische Sitzen**. Das aufrechte Sitzen ist eine gute Grundhaltung, aber eine gewisse Abwechslung im Sitzen mit angelehnter oder leicht nach vorne gebeugter Position sorgt für eine gesunde Abwechslung.

Als Alternative zum normalen Bürostuhl kannst du zu Hause auf einen **Aktivstuhl** 5 ohne Lehne umsteigen. Dieser schont den Rücken. Leider wird dieser aber oft erst gekauft, wenn die Rückenprobleme bereits vorhanden sind.

Auf welcher Höhe sollte sich der Monitor befinden?

Die Oberkante des Monitors sollte sich **auf Augenhöhe** befinden. Das ist für viele Arbeitsplätze eine Herausforderung. Es werden oft immer noch Monitore angeschafft,

- *Mit der richtigen Haltung vermeidest du Rückenschmerzen und Haltungsschäden.*
- *Richte deinen Arbeitsplatz so ein, dass er zu dir passt und du richtig sitzen kannst.*
- *Trage deine Brille auch bei der Arbeit am Computer, wenn du Brillenträger bist.*

die nicht höhenverstellbar sind. Für große Menschen hilft dann zu Hause noch eine Holzkiste unter dem Monitor. Diese ist aber dringend zu empfehlen. Wenn sich der Kopf ständig leicht nach unten beugen muss, um das Monitorbild zu sehen, führt dies zu Verspannungen im Nacken- und Schulterbereich.

Was ist am Schreibtisch zu beachten?

Der Monitor und die Tastatur sollten direkt und **frontal** vor dir stehen. Sie sollten auf keinen Fall nach links oder rechts geschoben werden. Dies würde bei längerem Arbeiten unweigerlich zu Verspannungen in deinem Körper führen und das wäre ungesund für dich.

Der Arbeitsplatz in der Schule ist meist sehr aufgeräumt, da hier viele verschiedene Personen arbeiten und keiner seine persönlichen Dinge stehen lässt. Zu Hause und bei der Arbeit wäre es aber sehr empfehlenswert, wenn eine ähnliche **Ordnung** auf dem Schreibtisch herrschen würde. Räume stets deinen Schreibtisch auf. Die äußerliche Ruhe auf dem Tisch sorgt auch für mehr innere Ruhe und lässt dich konzentrierter arbeiten.

Wenn du viel Papierkram auf deinem Schreibtisch liegen hast, benutze **Ablagefächer**. Bei allen anderen Dingen frage dich, ob sie wirklich auf dem Tisch benötigt werden oder nicht in eine Schublade wandern können. Scheue dich nicht, wirklichen Kram auch einfach mal wegzuwerfen – das befreit.

Wenn in der Nähe deines Schreibtisches **Pflanzen** stehen, sorgt dies für ein angenehmeres Klima und wirkt sich positiv auf dein Wohlbefinden aus.

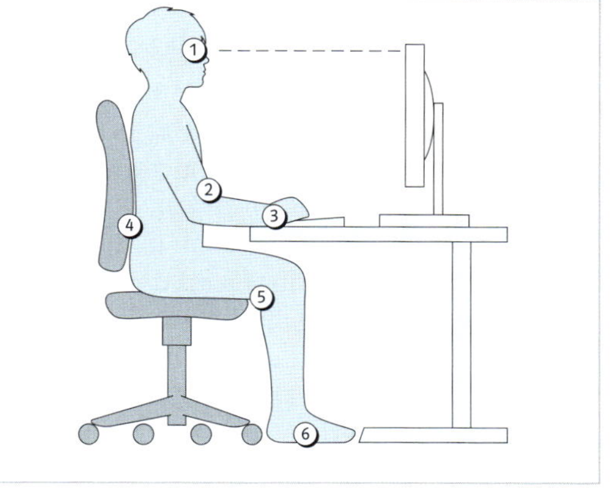

6 So sitzt du richtig!

!

1. Bildschirmoberkante auf Augenhöhe
2. Oberarm möglichst rechtwinklig zum Unterarm
3. Unterarme waagerecht
4. Becken nach vorne gekippt
5. Oberschenkel waagerecht
6. Füße stehen auf dem Boden oder einem Fußschemel auf

Hinter dem Schreibtisch sollte sich kein **Fenster** befinden, damit es nicht zu Spiegelungen auf dem Monitor kommt. Direkt hinter dem Schreibtisch sollte auch kein Fenster sein, damit die Augen durch das Gegenlicht nicht unnötig stark belastet werden.

Die **Deckenbeleuchtung** sollte sich nicht auf der Schreibtischoberfläche spiegeln, um deine Augen nicht unnötig zu blenden. Aus diesem Grund gibt es in Büroumgebungen normalerweise nur indirekte Beleuchtung an der Decke. Stelle eine **Schreibtischlampe** am Abend so ein, dass du nicht durch Reflektionen geblendet wirst.

1 Lies dir alle Informationen genau durch.

2 Tausche dich mit einer Mitschülerin oder einem Mitschüler aus, welche Einstellungen am Arbeitsplatz in der Schule möglich sind.

3 Passe die Einstellungen an deinem Arbeitsplatz an.

4 Informiert euch im Internet über Aktivstühle. Tauscht euch darüber aus, welche Modelle euch warum gefallen.

5 Versuche, zu deinem Aktivstuhl-Favoriten unabhängige Testberichte zu finden.

Entspannung und Gymnastik

Augen entspannen

Die Augen sind am Bildschirm stark gefordert. An einem guten PC-Arbeitsplatz gibt es die Möglichkeit, durch ein Fenster **in die Ferne zu blicken**, um von der ständigen Nahsicht auf die Fernsicht wechseln zu können. Du bist dabei noch effektiver, wenn du deinen Blick in mehreren Schritten von der Nähe in die Ferne richtest: Beispielsweise vom Bildschirm zum Papierkorb, zum Fensterrahmen, zur Straße, zum Nachbarn, zum Horizont und genauso wieder zurück.

Um müde Augen zu entspannen, gibt es eine schöne Übung: Reibe beide Handflächen schnell aneinander, bis sie richtig schön warm geworden sind. Schließe jetzt deine Augen und lege deine Handflächen auf deine Augen. Lass die **Wärmestrahlung** in Ruhe auf deine geschlossenen Augen einwirken. Versuche, die Hand geschlossen zu halten, damit die Dunkelheit deine Augen beruhigen kann. Deine Ellenbogen dürfen sich gerne auf dem Tisch aufstützen. Du kannst die Übung neu beginnen, um die Wärmestrahlung zu erneuern. Bleib dabei ganz ruhig und erzeuge keinerlei Stress.

Eine weitere Möglichkeit besteht darin, die Augen 5- bis 10-mal zuerst **stark zusammenzukneifen** und wieder übertrieben aufzureißen. Diese Übung darf dir aber nicht wehtun!

Finger dehnen und entspannen

Deine Finger sind beim 10-Finger-Tastschreiben besonders stark gefordert. Mit Fingergymnastik kannst du Verspannungen lockern:

1. Strecke deine Hände aus. Du beginnst mit einer geöffneten Hand. Spreize alle Finger seitlich kräftig auf wie ein Frosch. Danach schließt du die Finger wieder zu einer geöffneten Hand. Wiederhole diese Übung schnell 10-mal.

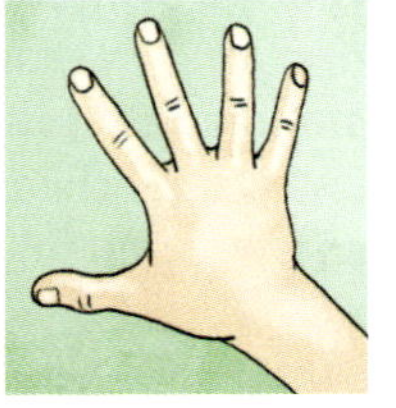

2. Balle deine Hände mit Kraft zu Fäusten und öffne die Hand dann wieder. Wenn du lange Fingernägel hast, solltest du eine Faust bilden, bei der die Fingerspitzen außen anliegen. Wiederhole diese Übung schnell 10-mal.

3. Lasse jetzt an der linken Hand nach der Reihe alle vier Finger mit den Fingerspitzen deinen Daumen berühren. Steigere dabei dein Tempo und werde immer schneller. Wiederhole diese Übung mit der rechten Hand. Wer die besondere Herausforderung sucht, kann es an beiden Händen mit unterschiedlichen Fingern gleichzeitig probieren.

4. Lege beide Handflächen aufeinander. Fächere deine Hand auf: Nur noch die Fingerspitzen und die Daumen berühren sich. Baue jetzt mit beiden Händen einen starken Druck auf die andere Hand auf. Halte den Druck längere Zeit aufrecht. Entspanne deine Finger durch mehrmaliges Ballen und Spreizen der Finger.

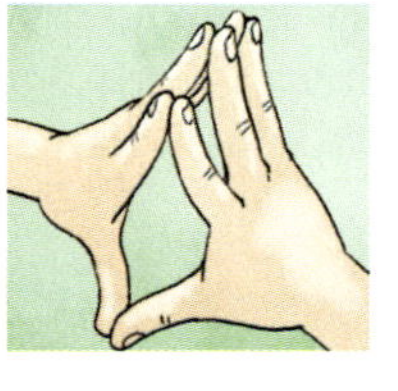

5. Lege nochmals beide Handflächen aufeinander und fächere die Hand wieder auf. Lasse nach der Reihe immer einen Finger bzw. Daumen um den anderen kreisen. Werde dabei immer schneller.

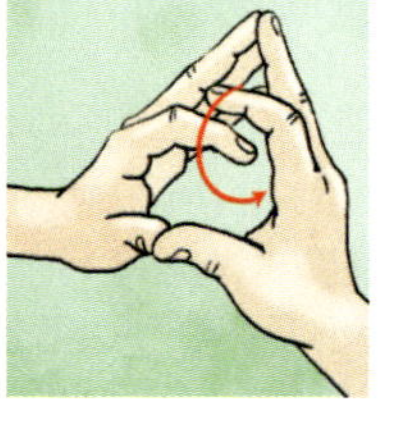

- ✗ *Keine der Übungen sollte dir Schmerzen bereiten. Achte auf die Signale deines Körpers.*
- ✗ *Auch zu Hause solltest du die hier gezeigten Übungen bei längerer Arbeit anwenden.*
- ✗ *Zeige diese Übungen auch deinen Eltern. Gesundheitsvorsorge ist wichtig.*

Bewegung am Computerarbeitsplatz

Bei Arbeiten am PC bewegt sich der Mensch leider viel zu wenig. Das schadet nicht nur der Gesundheit, sondern verhindert durch nachlassende Konzentrationsfähigkeit auch effektives Arbeiten. Der Mensch versucht normalerweise, sich seinen Arbeitsplatz möglichst effektiv einzurichten: Der Papierkorb steht direkt neben dem Schreibtisch, genauso wie der Drucker möglichst in Griffweite ist. Dabei wäre es viel gesünder, sich möglichst viele Möglichkeiten zu schaffen, um **vom Bürostuhl aufstehen** zu müssen. Wenn also der Papierkorb ums Eck steht und der Drucker auch nicht in Reichweite ist, habe ich mir ganz leicht Möglichkeiten für Bewegung geschaffen. Wer viel Wasser trinkt, lebt gesünder und braucht auch öfter eine kurze Pause. Außerdem kannst du dich vom PC oder Handy mit der Terminfunktion daran erinnern lassen, dass du **stündlich eine kurze Gymnastikpause** machst.

Entspannung für den Hals

Lasse deinen Kopf langsam nach vorne klappen, bis das Kinn deine Brust berührt. Jetzt bewege ihn ganz langsam einmal im Kreis über die rechte Schulter nach hinten, zur linken Schulter und dann wieder nach vorne auf die Brust. Wiederhole dies 3-mal. Achte auf langsame Bewegungen!

Entspannung für die Schultern

Bewege deine Schultern zuerst langsam nach oben, dann nach hinten, nach unten und nach vorne. Wiederhole diese Übung noch 3-mal langsam.

Training für die Beine

Rutsche auf dem Stuhl leicht nach vorne. Halte dein rechtes Bein mit angezogener Fußspitze für mehrere Sekunden in der Luft. Setze es dann langsam wieder ab. Wechsle zum linken Bein und wiederhole die Übung mit beiden Beinen mehrere Male.

Stelle dich hinter deinen Bürostuhl. Beide Füße stehen direkt nebeneinander. Stelle dich auf die Zehenspitzen und bleibe zehn Sekunden so stehen. Stelle deine Ferse danach langsam wieder auf den Boden. Die Lehne des Bürostuhls hilft dir bei deiner Balance. Wiederhole diese Übung 3-mal.

Übungen für den Rücken

Stehe auf und suche dir einen Stellplatz, bei dem der Raum vor dir frei ist, damit du dich gefahrlos nach vorne beugen kannst. Stelle dich ganz gerade hin, deine Arme hängen seitlich herab. Lasse langsam deinen Kopf mit dem Kinn auf deine Brust sinken. Jetzt fängt auch dein Oberkörper langsam an, sich nach vorne zu beugen. Lasse dich ganz langsam Wirbel für Wirbel immer weiter nach vorne sinken, wie eine Marionette. Deine Arme hängen dabei nach unten und deine Beine sind ausgestreckt. Wenn du mit deinem Oberkörper nicht mehr weiter in Richtung Boden kommst, lass deinen Körper ein wenig in dieser Stellung hängen. Er hat jetzt die Möglichkeit, sich zu dehnen. Danach bewegst du dich ganz ruhig und langsam wieder nach oben in die aufrechte Position. Zuletzt hebt sich dein Kopf wieder von der Brust. Ein gesunder, junger Mensch sollte bei dieser Übung mit ausgestreckten Beinen mindestens mit den Fingerspitzen zum Boden kommen. Wiederhole diese Übung noch 2-mal. Es ist wichtig, dass du dich langsam bewegst.

Setze dich aufrecht auf deinen Bürostuhl, ohne dich anzulehnen. Lege beide Hände hinter deinen Kopf und drücke mit dem Kopf gegen die Hände. Halte die Spannung für zehn Sekunden.
Drücke für zehn Sekunden mit deinen verschränkten Händen gegen deine Stirn. Wiederhole beide Übungen ein zweites Mal.

1 Lies dir die Texte aufmerksam durch und probiere alle Übungen aus.

2 Wie könnt ihr zusätzlich für ausreichend Bewegung sorgen?

Basiswissen Tastschreiben

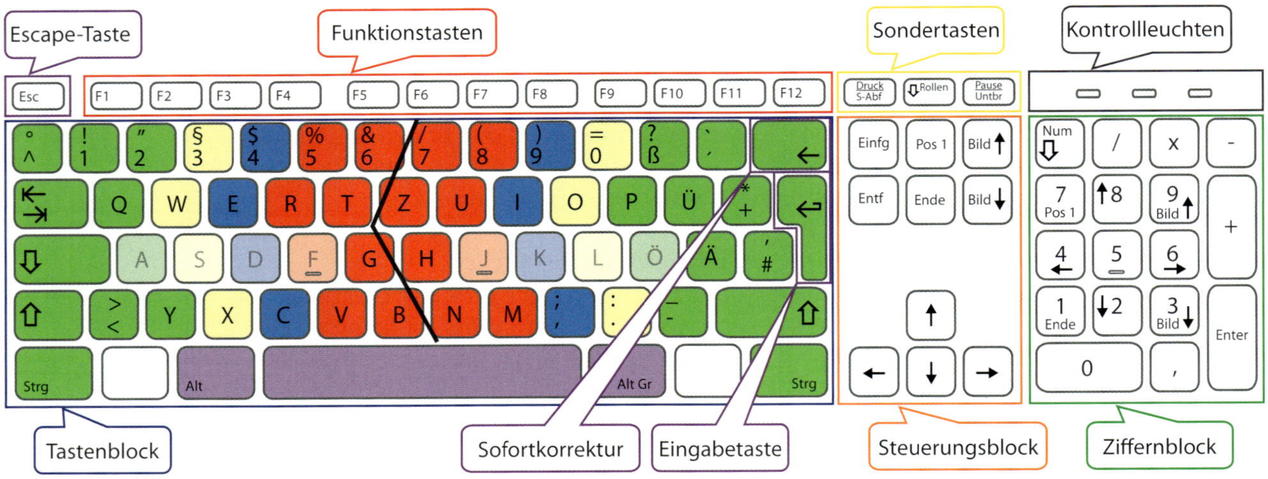

1 Die Tastatur ist in verschiedene Bereiche eingeteilt.

Der Tastenblock

Im Feld des Tastenblocks findest du alle Buchstaben, Satzzeichen, Ziffern und Sonderzeichen, um einen Text einzugeben. Er wird nochmals unterteilt in die

- Grundreihe (mittlere Reihe),
- die Oberreihe (Reihe darüber),
- die Unterreihe (unter der Grundreihe)
- sowie die Ziffernreihe (oberste Reihe).

Die Sofortkorrektur (Backspace)

Solltest du dich verschreiben, kannst du mit dieser Taste deine Eingabe korrigieren. Gelöscht wird immer das zuletzt geschriebene ▷ Zeichen nach links.

Eingabetaste (Enter) für die Zeilenschaltung

Möchtest du in eine neue Zeile wechseln, so kannst du dies durch Drücken der Eingabetaste erreichen. Dein rechter kleiner Finger macht dazu einen ▷ Spreizgriff weit nach rechts, drückt die Eingabetaste und kehrt danach zurück in die ▷ Grundstellung. Du erkennst dies an der sogenannten **Absatzmarke.**¶ Diesen Vorgang nennt man Zeilenschaltung.

¶ aktivierte Absatzmarke, wird nicht mitgedruckt

Der Steuerungsblock

Mit dem Steuerungsblock lässt sich die Position des ▷ Cursors verändern.

Der Ziffernblock

Der Ziffernblock ist aktiviert, wenn das erste **Kontrolllämpchen** leuchtet. Er eignet sich vor allem zur Eingabe großer Zahlenfolgen, z. B. von Telefonnummern.

Sondertasten

In diesem Feld ist vor allem die Taste **Drucken** interessant. Mit ihr kannst du ein Foto deines aktuellen Bildschirminhalts (**Screenshot**) anfertigen und anschließend als Bild wieder einfügen. Der Screenshot wird in der ▷ Zwischenablage gespeichert und kann dann in vielen Programmen mit der Tastenkombination Strg + V weiterverwendet werden.

Funktionstasten

Wie der Name schon sagt, lassen sich mit diesen Tasten diverse **Sonderfunktionen** ausführen. Praktisch sind die Kombination aus Alt + F4, um dein aktuelles Programm zu schließen oder deinen Computer herunterzufahren, F1, um die Hilfe des Office-Programms aufzurufen, und F5, um die Internetseite im Browser zu aktualisieren.

Automatischer Zeilenumbruch

Das Programm erkennt automatisch, wenn ein Wort nicht mehr in die Zeile passt (zwischen den eingestellten Seitenrändern) und schiebt es deshalb selbstständig in die nächste Zeile. Dadurch entsteht der sogenannte **Flatterrand** (wie bei den ▷ Absätzen hier im Buch), weil die Zeilen unterschiedlich lang werden.

- *Im Tastenblock findest du alle wichtigen Zeichen zur Texterfassung.*
- *Falsche Eingaben kannst du mit der Sofortkorrektur berichtigen.*
- *Deinen Cursor kannst du über den Steuerungsblock navigieren.*

Escape-Taste
Übersetzt bedeutet die Taste „flüchten". Man könnte sie auch als **Notausgang** beschreiben. In vielen Programmen kannst du damit deine aktuelle Aktion, z. B. einen Ladevorgang, abbrechen.

Neue Seite
Mit der Tastenkombination Strg + N (merke: **new**) kannst du eine neue leere Seite öffnen. Diese werden in der Titelleiste durchnummeriert mit z. B. Dokument2 usw.

Auf vielen neuen Computern befinden sich momentan nur Testversionen von ▷ Textverarbeitungsprogrammen. Neben den kostenpflichtigen Office-Produkten gibt es aber auch eine Vielzahl kostenloser Programme wie bspw. LibreOffice und OpenOffice. Beachte dazu die Übung unten!

Speichere deine Datei immer sofort nach dem Öffnen und auch regelmäßig danach, um Verluste zu vermeiden. Die nachfolgenden Tastenkombinationen helfen dir dabei, schneller zu arbeiten. Sie funktionieren unter Windows, Linux und teilweise auch in iOS und sind neben Word, LibreOffice und OpenOffice auch in vielen anderen Programmen verwendbar.

Öffnen: Vorhandenes Dokument
Mit der Tastenkombination Strg + O (merke: **open**) kannst du ein bereits gespeichertes ▷ Dokument öffnen. In der Titelleiste steht anschließend der Name der ▷ Datei.

Speichern
Mit der Tastenkombination Strg + S (merke: **save**) kannst du abspeichern. Wenn du ein neues Dokument erstellt hast, fragt dich das Programm beim ersten Speichervorgang nach dem Speicherort. Bei allen weiteren Speichervorgängen überspeichert dieser Befehl immer wieder die zuerst gespeicherte oder geöffnete Datei.

Speichern unter
Wenn du statt „Speichern" den Befehl **Speichern unter** benutzt, kannst du einen neuen Namen und einen neuen Speicherort für dein Dokument vergeben. Du findest die Befehle bei den meisten Programmen im Menü unter **Datei**.

Schließen
Mit Strg + W (merke: **window**) kannst du dein Dokument schließen. Sofern du noch nicht gespeichert oder seit der letzten Speicherung etwas geändert hast, fragt dich das Programm, ob du vor dem Schließen speichern möchtest.

Drucken
Mit der Tastenkombination Strg + P (merke: **print**) druckst du die Datei am angeschlossenen Standard-Drucker aus.

1 Lies dir die Erklärungen aufmerksam durch.

2 Besprecht die Inhalte. Tauscht euch aus: Wer findet welche Information am wichtigsten?

3 **a)** Bildet Kleingruppen und vergebt in eurer Gruppe mindestens folgende Positionen: Zeitwächter, Schreiber und Referent. Sucht Informationen zu kostenlosen Office-Programmen im Internet.
b) Beantwortet zu den Programmen folgende Fragen: Welche Programme habt ihr gefunden? Wo lassen sich die Programme herunterladen? Welches Programm würdet ihr als erstes ausprobieren und warum?
c) Präsentiert das Ergebnis euren Mitschülern und Mitschülerinnen. Besprecht die Gruppenergebnisse.

○ 1 ◒ 2 ● 3

Regeln im Computerraum/Umgang mit Fehlern

Auf den Seiten 6 und 7 hast du viel darüber erfahren, was du am PC-Arbeitsplatz für deine eigene Gesundheit beachten solltest. In der Schule sitzen aber noch viele andere Schüler und Schülerinnen an diesem Platz. Damit sich alle Personen im Raum wohl fühlen, die Geräte möglichst lange halten und niemand zu Schaden kommt, gibt es einige Regeln, die zu beachten sind.

Regeln zu Beginn der Stunde

- ✗ Achte auf saubere Schuhe und Hände. Deine Jacke gehört in die Garderobe.
- ✗ Betrete den Raum nur zusammen mit einer Lehrkraft.
- ✗ Bewege dich vorsichtig im Computerraum. Rennen und Herumblödeln ist nicht erlaubt.
- ✗ Kontrolliere zu Beginn der Stunde deinen Arbeitsplatz auf Beschädigungen oder Veränderungen und melde diese sofort deiner Lehrkraft.
- ✗ Trage dich in die Anwesenheitsliste ein, wenn eine vorhanden ist.
- ✗ Schalte deinen Computer erst nach Aufforderung ein.
- ✗ Passe deinen Stuhl zu Stundenbeginn an deine Körpergröße an und verstelle ihn danach nicht mehr.

Regeln während des Unterrichts

- ✗ Essen und Trinken ist im Computerraum nicht erlaubt.
- ✗ Benutze den Computer nur so, wie deine Lehrkraft es dir vorgibt. Du darfst in keinem Fall irgendwelche Stecker um- oder ausstecken. Es ist dir nicht erlaubt, im Betriebssystem oder an den Programmen Veränderungen vorzunehmen, solange deine Lehrkraft dies nicht von dir fordert.
- ✗ Sei gewarnt: Es wird von der Schule bestraft, wenn du versuchst, die Geräte oder ▷ Dateien zu verändern, um dir mehr Rechte zu verschaffen oder um andere Benutzer oder die Geräte zu schädigen.
- ✗ Das Drucken ist nur mit Erlaubnis der Lehrkraft gestattet. Denke an die Umwelt und vermeide unnötige Ausdrucke: Du kannst auch am Computer viele Fehler finden, wenn du dein ▷ Dokument konzentriert überprüfst.
- ✗ Das Mitbringen von eigenen Speichermedien ist an einigen Schulen untersagt. Du musst vor einer Benutzung unbedingt deine Lehrkraft um Erlaubnis fragen.
- ✗ Benutze das Internet nur nach Aufforderung durch die Lehrkraft.
- ✗ Besuche im Internet keine extremen Seiten mit Absicht. Dazu gehören zum Beispiel Seiten, die zur Gewalt aufrufen oder Pornografie zeigen.
- ✗ Spielen, Chatten und das Herunterladen von Dateien aus dem Internet sind ohne Aufforderung nicht erlaubt.
- ✗ Während Arbeitsphasen darf in der Regel leise bei Mitschülern/Mitschülerinnen nachgefragt werden, wenn man etwas nicht verstanden hat oder kurz Hilfe braucht.

Regeln zum Stundenende

- ✗ Speichere deine Dateien an der dafür vorgesehenen Stelle, damit du sie in der nächsten Stunde wieder zur Verfügung hast.
- ✗ Schalte deinen Computer zum Stundenende aus, wenn deine Lehrkraft dir keine anderen Anweisungen gibt.
- ✗ Verlasse den Arbeitsplatz so, wie du ihn gerne selbst vorfinden möchtest: Die Tastatur liegt zusammen mit der Maus sinnvoll angeordnet vor dem Monitor. Der Stuhl ist unter den Tisch geschoben. Es liegen keine Blätter oder Abfälle auf dem Tisch.

Während du das Tastschreiben lernst, wirst du oft Fehler machen. Die wichtigste Regel

1 Habt ihr eigene Regeln im Computerraum an eurer Schule? Lest euch alle Regeln genau durch oder besprecht im Unterricht die Regeln eurer Schule.

2 Was ist der Grund für die einzelnen Regeln? Findet sinnvolle Antworten auf diese Frage.

3 a) Befrage mindestens zwei Erwachsene aus deiner Familie oder deinem Bekanntenkreis: Können sie tastschreiben? Würden sie einem jungen Menschen empfehlen, es zu lernen? Welche Vorteile sehen sie darin, das Tastschreiben zu lernen?
b) Besprecht die Ergebnisse in der nächsten Unterrichtsstunde.

- *Wenn alle einige Regeln einhalten, arbeitet es sich besser.*
- *Übung macht den Meister – ärgere dich nicht über Fehler.*
- *Das Textverarbeitungsprogramm unterstützt dich bei der Fehlersuche.*

zum Umgang mit Fehlern lautet: **Nicht ärgern!** Wer sich über Fehler ärgert, macht sich schlechte Gefühle, aber es verbessert sich dadurch nichts. Versuche deine innere Einstellung gegenüber Fehlern zu verbessern: Sie helfen dir dabei, besser zu werden und sind völlig normal.

Ist es wichtig, die Fehler im Text zu suchen?

Um im Tastschreiben später auch im Beruf erfolgreich zu sein, sind möglichst fehlerfreie Abschriften notwendig. Du kannst dich aber nur verbessern, wenn du deine Fehler kennst. Deswegen ist es sehr wichtig, die Texte zu kontrollieren.

Bekomme ich Hilfe bei der Fehlersuche?

Deine Lehrkraft wird dich sicher immer wieder kontrollieren, da sie dich ja auch benotet. Vielleicht habt ihr auch ein Programm an der Schule, das Fehler im Text automatisch finden kann. Gute Tastschreibprogramme zeigen dir sogar an, welche Buchstaben du häufig falsch schreibst.

Wie finde ich Rechtschreibfehler?

Findet deine Software ein Wort aus deinem Text nicht in seinem Wörterbuch, wird es mit einer **roten Zickzacklinie** unterstrichen. Das bedeutet aber nicht immer, dass es falsch geschrieben ist. Es gibt viele Wörter, bspw. Eigennamen, die nicht im Wörterbuch enthalten sind. Wenn du mit der Maus über das Wort fährst und dann das ▷ Kontextmenü öffnest, werden dir Verbesserungsvorschläge angezeigt. Wenn dir ein Vorschlag gefällt, brauchst du ihn nur mit der Maus auszuwählen und das Wort wird ersetzt. Wenn du der Meinung bist, dass das Wort richtig geschrieben ist, kannst du im Kontextmenü **Ignorieren** anklicken und die rote Linie verschwindet.

Wie erkenne ich Grammatikfehler?

Wenn in deinem ▷ Textverarbeitungsprogramm ein Wort **grün unterkringelt** wird, könnte es sich um einen Grammatikfehler handeln, der wie bei einem Rechtschreibfehler über das Kontextmenü zu bearbeiten ist.

Fehler: Immer der gleiche Buchstabe falsch

Wenn dir bei der Korrektur deiner Texte auffällt, dass du immer den gleichen Buchstaben falsch schreibst, solltest du genau diesen Buchstaben intensiv üben. Gehe dazu auf die Übungsseite zu diesem Buchstaben und schreibe die Übungen noch einmal.

Fehler: Zwei Buchstaben vertauscht

Wenn dir auffällt, dass du häufig Buchstaben vertauschst, schreibst du zu schnell und ungenau. Beispielsweise könntest du statt „das" die Buchstabenfolge „dsa" geschrieben haben. Dieser Fehler ist sogar so häufig, dass gängige Schreibprogramme ihn automatisch korrigieren. Der Fehler passiert oft, wenn die beiden Buchstaben von verschiedenen Händen geschrieben werden: Weige statt Wiege oder Bort statt Brot. Konzentriere dich darauf, die Buchstaben schön nacheinander zu schreiben.

Fehler: Eine Buchstabenfolge ist oft falsch

Wenn du oft eine ganz bestimmte Buchstabenfolge falsch schreibst, suche dir einige Übungswörter mit dieser Buchstabenfolge und übe diese Wörter mehrere Zeilen lang. Wiederhole diese Übung alle paar Tage, bis du das Gefühl hast, dass du die Zeichenfolge gut kannst. Wenn du ein Wort immer wieder falsch schreibst, machst du es genauso.

Fehler: Anfangsbuchstabe ist nicht groß oder es sind zwei Buchstaben hintereinander groß geschrieben

Dieser Fehler passiert meist, wenn die Großschreibung zu schlampig geschrieben war. Dann hast du die Umschalttaste zu früh oder zu spät losgelassen. Dies kann passieren, wenn du versuchst, schneller zu werden. Übe ganz gezielt Wörter, deren Anfangsbuchstabe groß geschrieben ist.

Die Grundregel beim Tastschreiben lautet: Genauigkeit geht vor Schnelligkeit! Schneller wirst du von alleine. Versuche möglichst genau zu schreiben.

Steuerung und Tastenkombinationen

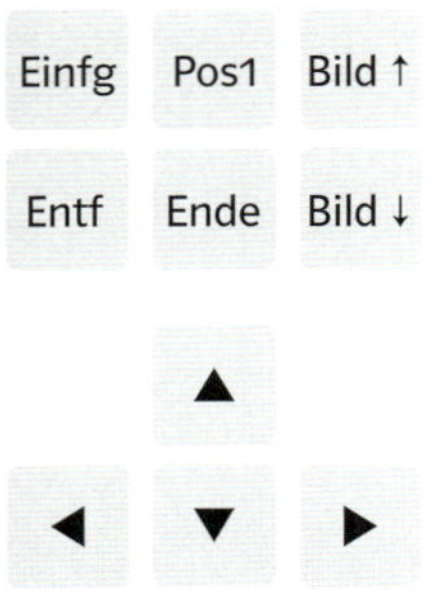

Der Steuerungsblock

Mithilfe des Steuerungsblocks kannst du deine Einfügemarke (▷ **Cursor**) ohne die Maus bewegen. Die einzelnen Tasten haben dabei folgende Funktionen:

▶ Zeichenweise vorwärts
◀ Zeichenweise zurück
▲ Zeilenweise nach oben
▼ Zeilenweise nach unten

Pos1	Cursor an den Zeilenanfang
Bild ▲	bildschirmweise nach oben
Bild ▼	bildschirmweise nach unten
Ende	Cursor an das Zeilenende

Tastenkombinationen: Bewegen im Text

Tastenkombination	Aktion
Strg + →	Cursor springt wortweise nach rechts
Strg + ←	Cursor springt wortweise nach links
Strg + Pos1	Cursor springt an den Textanfang
Strg + Ende	Cursor springt an das Textende

Tastenkombinationen: Markieren von Text

Tastenkombination	Markierung
⇧ + →	Zeichen nach rechts
⇧ + ←	Zeichen nach links
⇧ + ↓	Zeile nach unten
⇧ + ↑	Zeile nach oben
⇧ + Ende	bis zum Zeilenende
⇧ + Pos1	bis zum Zeilenanfang
Strg + ⇧ + ↓	Absatzende
Strg + ⇧ + ↑	Absatzanfang
Strg + A	gesamtes ▷ Dokument

Markieren mit der Maus

Aktion mit der Maus	Markierung
mit gedrückter linker Taste über beliebige ▷ Zeichen ziehen	entsprechende Zeichen
Doppelklick auf ein Wort	Wort
Taste Strg gedrückt halten und innerhalb eines Satzes klicken	ganzer Satz
Klick auf eine Stelle in der Markierungsleiste (linker Rand).	Zeile
mit gedrückter linker Taste in der Markierungsleiste über mehrere Zeilen	entsprechende Zeilen
3 x klicken in einen ▷ Absatz oder Doppelklick in der Markierungsleiste	ganzer Absatz
Taste Strg gedrückt halten und in die Markierungsleiste klicken	ganzes Dokument

Kopieren, Ausschneiden, Einfügen

Diese Tastenkombinationen gehören zu den wichtigsten bei der täglichen Arbeit am Computer. Mit Strg + C (merke: **copy**) kannst du ein markiertes Element (Texte, Fotos, ▷ Dateien) in die versteckte ▷ Zwischenablage kopieren. Von dort lässt es sich anschließend mit Strg + V (merke: sieht aus wie ein **Trichter** zum Einfüllen) beliebig oft wieder einfügen. Wenn du das Element an der bisherigen Stelle nicht mehr benötigst, kannst du es mit Strg + X (merke: sieht aus wie eine **Schere**) ausschneiden.

Strg + X	Ausschneiden ⟶ merke: sieht aus wie eine Schere
Strg + C	Kopieren ⟶ merke: copy
Strg + V	Einfügen ⟶ merke: sieht aus wie ein Trichter zum Einfüllen

Rückgängig

Mit der Tastenkombination Strg + Z kannst du die letzte Aktion rückgängig machen. Dies ist besonders hilfreich, wenn man als Anfänger etwas falsch gemacht hat und vom Ergebnis erschreckt wird. Das klappt auch mehrmals hintereinander.

- *Achte darauf, die bestehende Markierung aufzulösen (einfacher Klick in den Text), bevor du weiterarbeitest.*
- *Die Hinweise bei den Tastenkombinationen sind wichtig, damit du sie dir besser merken kannst.*
- *Es ist absolut in Ordnung, bei Tastenkombinationen auf die Tastatur zu schauen.*

Manueller Zeilenwechsel

Manchmal möchte man in die nächste Zeile schalten, ohne gleich einen neuen ▷ Absatz zu beginnen. Das ist immer dann besonders wichtig, wenn in der Textverarbeitung für die einzelnen Absätze bereits große Abstände vorgesehen sind. Benutze dazu die Tastenkombination ⇧ + Eingabetaste.

Wenn die Formatierungssymbole eingeblendet sind, erkennst du den manuellen Zeilenwechsel daran, dass statt der Absatzmarke das **Pfeilsymbol der Eingabetaste** angezeigt wird.

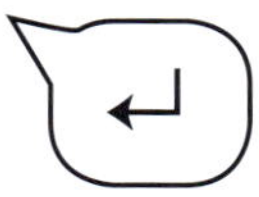

Geschützter Leerschritt und Bindestrich

Es kommt vor, dass ein Textinhalt am Zeilenende durch die automatische Silbentrennung getrennt wird und der Text dadurch schlecht lesbar ist. Um dies zu verhindern, gibt es Tastenkombinationen.

Mit ⇧ + Strg + Leertaste entsteht ein geschützter Leerschritt. Dein ▷ Textverarbeitungsprogramm ignoriert diesen Leerschritt einfach. Dies ist hilfreich, wenn der 7.°April°2040 am Zeilenende steht und dann als ein Element im Text behandelt wird.

Mit ⇧ + Strg + Bindestrich wird der Bindestrich am Zeilenende nicht für eine automatische Trennung genutzt. Dies ist bspw. bei Doppelnamen hilfreich.

Helft euch gegenseitig, wenn ihr bei den kommenden Übungen Probleme habt.

1 a) Zuerst benötigst du einen Text zum Üben: Gehe im Internet auf eine dir bekannte Nachrichtenseite. Markiere mit der Maus einen längeren Ausschnitt des Textes. Den markierten Text kopierst du jetzt mit der Tastenkombination Strg + C in die Zwischenablage. Lasse die Seite geöffnet, falls etwas nicht auf Anhieb funktioniert.

b) Öffne dein Textverarbeitungsprogramm. In die leere Seite fügst du jetzt mit Strg + V den Text von der Nachrichtenseite aus dem Zwischenspeicher ein. Falls etwas nicht klappt, dann wiederhole nochmals die Aufgabe 1.

c) Probiere schrittweise alle Tastenkombinationen von Seite 14.

d) Springe mit den Cursortasten (ohne Maus!) vor ein großgeschriebenes Wort und lösche es mit der Taste Entf. Wiederhole dies mindestens 3-mal.

e) Besprecht den Unterschied beim Löschen zwischen der Taste Entf (Entfernen) und der Sofortkorrektur (Backspace).

f) Springe mit den Cursortasten (ohne Maus!) vor ein großgeschriebenes Wort. Markiere dieses und das nachfolgende Wort mit Tastenkombinationen (ohne Maus!) und lösche es anschließend mit der Sofortkorrektur (Backspace). Wiederhole dies mindestens 3-mal.

g) Markiere einen ganzen Satz mit der Maus (Strg gedrückt halten und mit der Maus in den Satz klicken). Schneide den Satz mit der Tastenkombination aus (Strg + X). Füge den Satz an einer anderen Stelle wieder aus dem Zwischenspeicher ein (Strg + V).

h) Markiere den kompletten Text (Strg + A) und füge ihn am Ende des Texts nochmal ein.
Lösung: Markierten Text mit Strg + C in den Zwischenspeicher kopieren. Mit Strg + Ende ans Ende des Textes springen und mit Strg + V den Text einfügen.
Wichtiger Hinweis: Der Text von der Nachrichtenseite ist nicht dein geistiges Eigentum. Du dürftest ihn zwar für deine privaten Zwecke abspeichern, aber nirgendwo ohne die schriftliche Genehmigung des Urhebers veröffentlichen. Es ist am sinnvollsten, diese Übung ohne speichern zu schließen.

2 Erstelle eine eigene Übersichtsseite mit allen Tastenkombinationen, die du schon kennengelernt hast.

Text und Seite anpassen

Schriftartenvergleich
Courier New
Calibri
Verdana

Welche Schriftart soll ich benutzen?

Während des Erlernens des Tastschreibens ist die Schriftart **COURIER NEW** die beste Wahl. Diese klassische Schriftart ist nicht sehr schön, weil alle ▷ Zeichen genau den gleichen Platz zur Verfügung haben. Dies stammt noch aus der Zeit der Schreibmaschinen, als kleine Hebel mit der gleichen Breite die Buchstaben durch ein Farbband auf das Papier gedruckt haben. Da aber alle Buchstaben die gleiche Breite nutzen, merkst du beim Üben leichter, wenn du einen Tastfehler gemacht hast.
Wenn du mit dem Computer Schriftstücke erstellst, solltest du für ein schönes Erscheinungsbild **Proportionalschriften** nutzen, bei denen jeder Buchstabe nur den Platz bekommt, den er auch wirklich benötigt.

Wie kann ich die Schriftart und -größe einstellen?

Markiere den Text und ändere dann im Menü die Schriftart ab. Wenn du den Namen der Schriftart kennst, kannst du ihn einfach in das Feld hineinschreiben und mit der (Eingabetaste) bestätigen. Ansonsten kannst du am rechten Rand des Feldes die Liste mit allen Schriftarten aufklappen und durchsuchen. Neben der Schriftart lässt sich rechts daneben auch durch Hineinschreiben oder

Listenauswahl die Schriftgröße verändern.

1 Schriftart und -größe auswählen

Was kann ich an meinem Text noch verändern?

Wenn du deinen Text veränderst, dann spricht man von ▷ **Zeichenformatierungen**. Hierzu gehören auch die Auszeichnungen **fett**, *kursiv* und <u>unterstrichen</u>. Dafür musst du die Formatierung vor dem Schreiben einschalten und danach wieder ausschalten. Alternativ kannst du den vorhandenen Text mit der Maus markieren und die passende Schaltfläche aus 2 drücken.

2 Zeichenformatierungen: fett, kursiv und unterstrichen

> Darüber hinaus gibt es noch einige weitere Zeichenformatierungen wie bspw. die Schriftfarbe oder Schriftschatten. Probiere etwas herum, du findest dich bestimmt schnell zurecht. Falls dir etwas gar nicht gefällt, hast du ja schon die Tastenkombination (Strg) + (Z) kennengelernt, um den letzten Schritt rückgängig zu machen.

Was ist eine Absatzformatierung?

Darunter versteht man Einstellungen, die sich auf den **kompletten** ▷ **Absatz** auswirken. Mit den Formatierungen **linksbündig, rechtsbündig, zentriert** und **Blocksatz** kannst du einstellen, wie sich der Text auf der Seite ausrichtet.

Absatzformatierung	Tastenkombination
linksbündig	(Strg) + (L)
rechtsbündig	(Strg) + (R)
zentriert	(Strg) + (E)
Blocksatz	(Strg) + (B)

Beim **Blocksatz** wird der Text links und rechts bis an den Rand geschoben. Dafür sind die Abstände zwischen den Wörtern dann unterschiedlich groß. Das bekannteste Beispiel für den Blocksatz ist der Text in der Zeitung.

✗ *Gestaltungsregel: Weniger ist mehr!*
✗ *Drucke so wenig wie möglich, um die Umwelt zu schonen.*
✗ *Im Menü EINFÜGEN findest du viele interessante Möglichkeiten, deine Seiten zu gestalten.*

Wie kann ich das Blatt drehen?

Manchmal will man eine Seite im Querformat beschriften, um bspw. das Referatsthema an die Tafel hängen zu können. In Word wechselt man dazu in das ▷ Menüband **Seitenlayout** und wählt dort die **Ausrichtung** (Hochformat, Querformat).
In LibreOffice wählt man in der ▷ Menüleiste unter **Format** den Listenpunkt **Seite** und kann dann im folgenden Fenster auf **Querformat** umstellen.

Wie stelle ich den Seitenrand ein?

In deinem ▷ Textverarbeitungsprogramm ist ein Seitenrand eingestellt. In diesem Randbereich kannst du nicht schreiben und beim Ausdruck bleibt ein weißer Rand. Du kannst diesen Randbereich an deine Bedürfnisse anpassen. In neueren Versionen von Word gehst du dazu in das Menüband **Seitenlayout** und klickst dort auf den kleinen grauen Pfeil rechts von **Seite einrichten**. Im nachfolgenden Menüfenster lassen sich die Seitenränder in alle Richtungen verstellen.
Bei LibreOffice musst du in der Menüleiste auf **Format** klicken und dann **Seite** auswählen, um die Werte verändern zu können.
Benutze für andere Programme die Hilfefunktion des Programms. Sie lässt sich oft mit der Taste [F1] aufrufen.

Wie komme ich auf die nächste Seite?

Wenn du genügend Text geschrieben hast, kommst du von ganz alleine irgendwann auf die nächste Seite. Du könntest auch ganz oft die [Eingabetaste] drücken, bis du auf der nächsten Seite bist, aber das überlassen wir denen, die sich damit nicht auskennen.
Benutze einfach die Tastenkombination [Strg] + [Eingabetaste]. In der Fachsprache wird dies **Seitenumbruch** genannt. Sobald du dieses Wort kennst, findest du den Befehl auch ganz leicht im Menü **Einfügen**.

Auf was muss ich beim Drucken achten?

Wenn du dein ▷ Dokument bspw. mit der Tastenkombination [Strg] + [P] drucken willst, dann solltest du auf drei Dinge ganz besonders achten:

1. **Ist der richtige Drucker eingestellt?**
   In jedem Druckmenü gibt es eine kleine aufklappbare Liste mit den verschiedenen Druckernamen, die von diesem Computer aus benutzt werden können.
2. **Möchtest du das ganze Dokument drucken oder nur die aktuelle Seite?**
   Du kannst entweder **Alle Seiten** auswählen oder die genauen Seiten angeben. Oft steht auch die Option **Aktuelle Seite** zur Verfügung, um die Seite auszudrucken, die gerade im Hintergrund angezeigt wurde.
3. **Wie oft benötigst du die Ausdrucke?**
   Als Schüler/in benötigst du meistens nur einen Ausdruck. Dein/e Lehrer/in stellt hier aber oft gleich die Schülerzahl ein. Diese Einstellmöglichkeit wird mit dem Wort **Exemplare** oder **Kopien** bezeichnet.

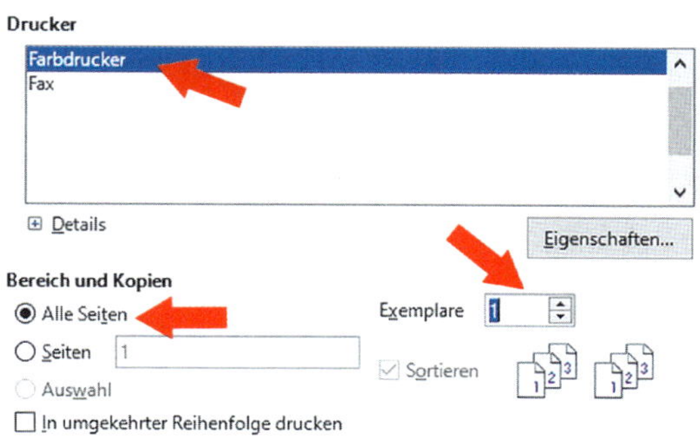

3 Einstellmöglichkeiten im Druckmenü

1 Schreibe deinen Namen in dein Textverarbeitungsprogramm und probiere die verschiedenen Formatierungen aus.

2 Tauscht euch aus: Welche Textformatierungen konntet ihr finden?

3 Setze die Seite ins Querformat und gestalte deinen Namen blattfüllend. Drucke die Seite aus.

2 Tastschreiben

Ein handschriftlicher Text ist nicht so gut lesbar wie ein Druck. Wer das Tastschreiben erlernt hat, kann effektiver an Computern arbeiten, weil er nicht auf die Tastatur schauen muss. Da beim Schreiben dadurch weniger Stress erzeugt und eine gesündere Körperhaltung ermöglicht wird, ist Tastschreiben auch ein Gesundheitsbaustein. Hat dein Programm eine Rechtschreibkorrektur, kann es sogar helfen, Fehler zu finden und zu korrigieren.

Ich werde ...
- ✗ *in kleinen Lektionen das Tastschreiben korrekt erlernen.*
- ✗ *mir genügend Übungszeit gönnen.*
- ✗ *meine Arbeitsergebnisse präsentieren und reflektieren.*

Wusstest du, dass ...

- ... Tastschreiben die Basis für professionelles Arbeiten am PC ist?
- ... du mit dem 10-Finger-Tastschreiben bis zu 300 Anschläge pro Minute und mehr schaffst?
- ... du weniger Fehler machst, sobald die Schreibbewegungen durch regelmäßige Übung automatisiert sind?

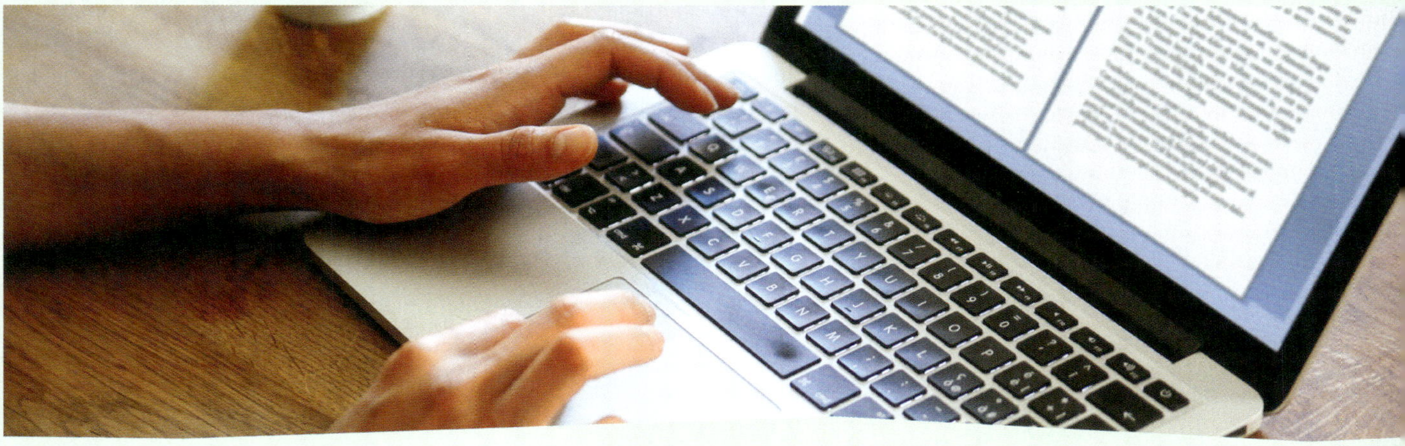

Grundstellung – linke Hand

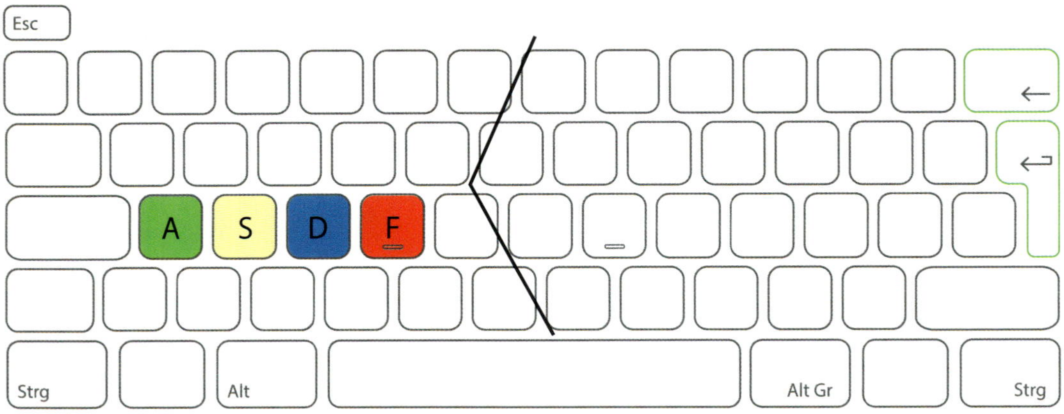

Schließe die Augen und lass dir die Geschichte langsam vorlesen. Sie benutzt Gefühle, Farben und Bewegung, damit du dir die Tasten gut merken kannst. Versuche dir in deiner Fantasie die Geschichte möglichst intensiv vorzustellen.

Um dich herum ist es dunkel. Vor dir schwebt ein saftiger, leuchtend grüner **Apfel**. Du stupst ihn mit deinem linken kleinen Finger an. Dein linker kleiner Finger färbt sich wie von Zauberhand grün. Der Apfel wackelt jetzt etwas in der Luft hin und her.

Plötzlich spürst du **Sand** unter deinen nackten Füßen, die Sonne scheint dir ins Gesicht und du siehst vor dir einen gelben Strand. Als du dich nach unten beugst und den Sand durch deine Hände rieseln lässt, färbt sich dein linker Ringfinger gelb.

Als du wieder hochblickst, steht ein blaues **Dromedar** vor dir. Es hat große Augen und grinst dich verrückt an. Du sagst: „Hey, schau mich nicht so komisch an." Da leckt das Dromedar mit seiner blauen Zunge über deine linke Hand. Jetzt ist dein linker Mittelfinger blau. Das Dromedar lächelt glücklich und läuft davon.

Der Geruch eines Holzfeuers steigt in deine Nase. Du gehst ein paar Schritte, um dich an die Feuerstelle zu setzen und dem Knacken des Holzes im **Feuer** zu lauschen. Du hast es fast schon erwartet: Jetzt färbt sich auch noch dein Zeigefinger feuerrot.

Verwundert betrachtest du deine bunten Finger der linken Hand: Den apfelgrünen kleinen Finger, den sandgelben Ringfinger, den blauen Mittelfinger und den feuerroten Zeigefinger. In dir reift der Gedanke, dass du dich in einer ziemlich verrückten, aber trotzdem lustigen Zauberwelt befinden musst.

Griffwege
Beide Hände befinden sich in der ▷ Grundstellung. Dein linker grüner kleiner Finger drückt die Taste A wie Apfel, dein linker gelber Ringfinger die Taste S wie Strand, dein linker blauer Mittelfinger die Taste D wie Dromedar und dein linker roter Zeigefinger die Taste F wie Feuer.

Für deinen Lernerfolg ist es wichtig, dass du von Anfang an **nicht** auf die Tasten schaust. Tastenverdecker helfen dir dabei. Zu Hause kannst du dir zum Üben ein Geschirrtuch auf die Hände legen oder dir aus einem Karton selbst einen Tastenverdecker zuschneiden.

- *Schaue beim Schreiben nicht auf die Tastatur.*
- *Deine Daumen ruhen immer auf der Leertaste.*
- *Spüre über die Erhebung bei der Taste F, ob du noch in der Grundstellung bist.*

Griffübungen

1 Überprüfe mit deinem Zeigefinger immer wieder, ob du noch in der Grundstellung bist.

```
1  asdf asdf asdf asdf asdf asdf asdf asdf asdf asdf asdf asdf
2  aaa aaa aaa sss sss sss asa asa asa sas sas sas asa sas asa
3  fdsa fdsa fdsa fdsa fdsa fdsa fdsa fdsa fdsa fdsa fdsa fdsa
4  fff fff fff ddd ddd ddd dfd dfd dfd fdf fdf fdf dfd fdf dfd
5  asdf fdsa asdf fdsa asdf fdsa asdf fdsa asdf fdsa asdf fdsa
6  fdsa asdf fdsa asdf fdsa asdf fdsa asdf fdsa asdf fdsa asdf
```

Sicherheitstraining

2 Übe die Zeilen so lange, bis du sie fehlerfrei beherrschst.

```
7  asdf fdsa asa fdsa asdf fdf asdf fdsa sds fdsa asdf afs das
8  asa asd asf sas sad saf fdf fds fsa dfd dfs dfa sdf das fda
```

Wortübungen

3 Übe die Zeilen so lange, bis du sie fehlerfrei beherrschst.

```
9  fad fad fad fad fad fad fad fad fad fad fad fad fad fad fad
10 das das das das das das das das das das das das das das das
11 das das das fad fad fad das das das fad fad fad das das das
12 das fad das fad das fad das fad das fad das fad das fad das

13 fass fass fass fass fass fass fass fass fass fass fass fass
14 dass dass dass dass dass dass dass dass dass dass dass dass
15 fass fass fass dass dass dass fass fass fass dass dass dass
16 fass dass fass dass fass dass fass dass fass dass fass dass

17 das fad fass das fad fass das fad fass das fad fass das fad
18 fad dass fass fad dass fass fad dass fass fad dass fass fad
19 da dass das fass fad dass das fass fad dass das fass fad da
20 da fass da dass fad das da fass fad das dass da fad fass da
```

Schreibmarathon – 10 Zeilen

4 Übe die nächste Zeile erst, wenn du die vorherige fehlerfrei schreiben kannst.
Wie viele Versuche benötigst du? Notiere mit und kontrolliere deinen Erfolg beim nächsten Üben.

```
21 asdf asdf asdf asdf asdf asdf asdf asdf asdf asdf asdf asdf
22 fdsa fdsa fdsa fdsa fdsa fdsa fdsa fdsa fdsa fdsa fdsa fdsa
23 aaa sss ddd fff aaa sss ddd fff aaa sss ddd fff aaa sss ddd
24 aaa aaa aaa sss sss sss asa asa asa sas sas sas asa sas asa
25 fff fff fff ddd ddd ddd dfd dfd dfd fdf fdf fdf dfd fdf dfd
26 das das das fad fad fad das das das fad fad fad das das das
27 fad das fad das fad das fad das fad das fad das fad das fad
28 fass fass fass dass dass dass fass fass fass dass dass dass
29 fass dass fass dass fass dass fass dass fass dass fass dass
30 fass das da fad dass da fass fad das dass fad fass das dass
```

Grundstellung – rechte Hand

Schließe die Augen und lass dir die Geschichte langsam vorlesen. Sie benutzt Gefühle, Farben und Bewegung, damit du dir die Tasten gut merken kannst. Versuche, dir in deiner Fantasie die Geschichte möglichst intensiv vorzustellen.

Du stehst wieder am Strand. Aus der Ferne siehst du eine rote **Jacht** näher kommen. Dem Geräusch nach hat sie einen starken Motor. Die Jacht fährt weiter auf dich zu und legt neben dir am Ufer an. An der Seite der Jacht steht dein Name. Du ziehst dich an der Bordwand hoch und stellst fest, dass sie leer ist. Dein rechter Zeigefinger hat sich bei der Berührung rot gefärbt.

Vom Meer aus läuft ein patschnasser, blauer **Kobold** auf dich zu. Er hat überall Algen am Körper und spricht dich an: „Hallo, ich bin der Klabautermann. Kannst du mir bitte mit den Algen helfen?" Als du ihm hilfst, die Algen loszuwerden, färbt sich dein rechter Mittelfinger blau. Nachdem ihr fertig seid, setzt sich der Kobold erschöpft rechts neben die Jacht.

Neben dir steht ein knallgelber Liegestuhl. Darin liegt entspannt eine Frau. Auf ihrem gelben Sonnenhut steht mit großen, schwarzen Buchstaben **LISA**. Sie liest wohl gerade ein lustiges Buch, wie man an ihrem Lächeln sehen kann. Am rechten Ringfinger trägt sie einen protzigen, gelben Ring. Eine Reflektion des Sonnenlichts im Ring färbt deinen rechten Ringfinger gelb.

Hinter dem Liegestuhl springt plötzlich ein grünes **Öfföff** hervor. Du denkst jetzt sicher: Was soll das denn sein? Es lässt sich schwer beschreiben. Stell dir einfach etwas Wuscheliges, Grünes vor, das zwei kleine, schwarze Augen hat. Es kann sehr schnell rollen und hüpfen. Ein Öfföff eben. Als es auf deine linke Schulter springt, streichelst du es vorsichtig mit deinem rechten kleinen Finger. Das Öfföff färbt dabei deine Fingerspitze grün und springt sofort davon.

Griffwege
Deine Hände befinden sich in der Grundstellung. Dein roter rechter Zeigefinger drückt die Taste J, dein blauer rechter Mittelfinger die Taste K, dein gelber rechter Ringfinger die Taste L und dein grüner rechter kleiner Finger die Taste Ö.

- *Schaue beim Schreiben nicht auf die Tastatur.*
- *Deine Daumen ruhen immer auf der Leertaste.*
- *Spüre über die Erhebung bei der Taste J, ob du noch in der Grundstellung bist.*

Griffübungen

1 Überprüfe mit deinem Zeigefinger immer wieder, ob du noch in der Grundstellung bist.

```
1  jjj kkk lll ööö jjj kkk lll ööö jjj kkk lll ööö jjj kkk lll
2  jklö jklö jklö jklö jklö jklö jklö jklö jklö jklö jklö jklö
3  jjj jjj jjj kkk kkk kkk jkj jkj jkj kjk kjk kjk jkj kjk jkj
4  ölkj ölkj ölkj ölkj ölkj ölkj ölkj ölkj ölkj ölkj ölkj ölkj
5  lll lll lll ööö ööö ööö löl löl löl ölö ölö ölö löl ölö löl
6  jklö ölkj jklö ölkj jklö ölkj jklö ölkj jklö ölkj jklö ölkj
```

Sicherheitstraining

2 Übe die Zeilen so lange, bis du sie fehlerfrei beherrschst.

```
7  jklö ölkj ölö ölkj jklö jkj jklö ölkj klk ölkj jklö jöl köl
8  jkj jkl jkö kjk kjl kjö löl löj lök ölö ölk ölj klö jkö lkö
```

Wortübungen

3 Übe die Zeilen so lange, bis du sie fehlerfrei beherrschst.

```
9  öd ja öd ja öd ja öd ja öd ja öd ja öd ja öd ja öd ja öd ja
10 lös lös lös lös lös lös lös lös lös lös lös lös lös lös lös
11 all all all all all all all all all all all all all all all
12 lös all lös all lös all lös all lös all lös all lös all lös

13 falls falls falls falls falls falls falls falls falls falls
14 skala skala skala skala skala skala skala skala skala skala
15 kajak kajak kajak kajak kajak kajak kajak kajak kajak kajak
16 falls skala kajak falls skala kajak falls skala kajak falls

17 das ölfass das ölfass das ölfass das ölfass das ölfass dass
18 alaskaöl alaskaöl alaskaöl alaskaöl alaskaöl alaskaöl skala
19 fass ölfass ja falls skala kajak dass lös skala fass alaska
20 alaska da öl falls skala alaskaöl kajak fass dass ölfass ja
```

Schreibmarathon – 10 Zeilen

4 Übe die nächste Zeile erst, wenn du die vorherige fehlerfrei schreiben kannst. Wie viele Versuche benötigst du? Notiere mit und kontrolliere deinen Erfolg beim nächsten Üben.

```
21 jklö ölkj jklö ölkj jklö ölkj jklö ölkj jklö ölkj jklö ölkj
22 jjj jjj jjj kkk kkk kkk jkj jkj jkj kjk kjk kjk jkj kjk jkj
23 lll lll lll ööö ööö ööö löl löl löl ölö ölö ölö löl ölö löl
24 aal lös aal lös aal lös aal lös aal lös aal lös aal lös aal
25 lös all lös all lös all lös all lös all lös all lös all lös
26 falls falls falls falls falls falls falls falls falls falls
27 dass fass lass dass fass lass dass fass lass dass fass lass
28 fass das ölfass fass das ölfass fass das ölfass fass das öl
29 lass aal alaska lass aal alaska lass aal alaska lass aal da
30 ja fass dass öl aal alaska ölfass fad falls ja kajak lös da
```

Übung zur Sofortkorrektur

5 a) Lies dir nochmals die Information zur Sofortkorrektur auf Seite 10 durch.

b) Erfasse Zeile 21 und lösche sofort nach dem Erfassen alle „ö".

c) 👥 Vergleicht eure Ergebnisse. Stimmen eure Lösungen überein?

Griffwege zu GHÄ

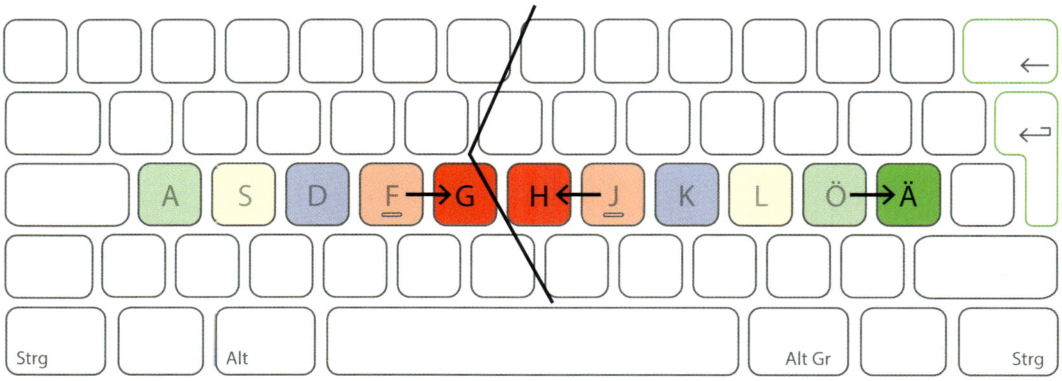

Die Fingerspitze deines linken Zeigefingers beginnt zu jucken. Du reibst gedankenverloren mit dem Daumen darüber und erinnerst dich an die Feuerstelle. Du spürst schon die Wärme des Feuers. Rechts neben dem Feuer schwebt ein Geist in einem roten Kostüm mit einem großen G auf der Brust. Er blickt dich an und spricht: „Hallo, ich bin **Gustav**, der Feuergeist ohne Flasche. Du hast mich gerufen?“ Nach einer kurzen Pause ergänzt er: „Du weißt schon: Roter magischer Zeigefinger wird gerieben – Gustav erscheint.“ Darauf antwortest du: „Hey, dann hab ich sicher einen Wunsch frei, Gustav. Ich will sofort Millionär sein.“ Gustav schüttelt den Kopf: „Falsche Antwort!“ – und ist weg.

Dein linker roter Zeigefinger macht einen ▷ Spreizgriff nach rechts, drückt die Taste G und geht zurück in die Grundstellung.

Du stehst gerade in der Kajüte der roten Jacht. Jetzt klingelt ein **Handy**, aber es ist nicht dein eigenes. Es ist rot und liegt links in der Ablage. Du greifst nach links und nimmst mit deinem rechten Zeigefinger das Gespräch an. Leider warst du zu langsam, das musst du wohl noch üben.

Dein rechter roter Zeigefinger macht einen Spreizgriff nach links, drückt die Taste H und geht zurück in die Grundstellung.

Erinnere dich an das kleine, grüne Öfföff. Es ist anscheinend verärgert, weil sich dein kleiner rechter Finger an ihm grün gefärbt hat. Es hüpft auf deinen Fuß und zwickt dich. Du erschrickst und springst nach rechts zur Seite, um es abzuschütteln. Doch es rollt dir hinterher und zwickt dich ins rechte Knie. Zuerst warst du etwas ängstlich, aber so langsam steigt **Ärger** in dir auf. Du greifst nach rechts, um es von deinem Knie zu stoßen, aber es hat sich schon versteckt und lässt dich mit deinem Ärger allein.

Dein rechter grüner kleiner Finger macht einen Spreizgriff nach rechts, drückt die Taste Ä und geht zurück in die Grundstellung.

Du kennst jetzt alle Buchstaben der sogenannten **Grundreihe**. Die Tastenreihe darüber wird **Oberreihe** genannt und die Reihe darunter trägt den Namen **Unterreihe**. Präge dir diese drei Begriffe ein, damit du dich im Unterricht genau ausdrücken kannst.

- *Taste mit deinen Fingern nach rechts bzw. nach links zu den neuen Buchstaben.*
- *Kehre anschließend in die Grundstellung zurück.*
- *Überprüfe immer wieder, ob du noch in der Grundstellung bist.*

Griffübungen

1 Lass dir die Zeilen diktieren oder sprich laut mit.

1 fgf afgf fgf sfgf fgf dfgf gfg agfg gfg sgfg gfg dgfg gfasd
2 jhj öjhj jhj ljhj jhj kjhj hjh öhjh hjh lhjh hjh khjh hjölk
3 öäö jöäö öäö köäö öäö löäö äöä jäöä äöä käöä äöä läöä äöjkl

Sicherheitstraining

2 Übe die Zeilen so lang, bis du sie fehlerfrei beherrschst.

4 asdfg hjklöä gfdsa äölkjh fgf gfg jhj hjh öäö äöä afgf öjhj
5 jöäö fgf jhj öäö gfg hjh äöä agfg öhjh jäöä asdfg hjklö öäö

Wortübungen

3 Übe jedes Wort eine Zeile lang.

6 jag lag sah
7 aha läg säh
8 gas häs sag
9 fahl klag half

Pyramiden auf- und abbauen

4 Baue die Pyramiden wie im Beispiel.
Mit dieser Übung trainierst du zusätzlich die Eingabetaste. Lies dazu die Information auf Seite 10.

10 lös das ja
11 das lag da
12 als das half
13 das half ja
14 jag all das
15 säh das da

lös
lös das
lös das ja
lös das
lös

Blindschreiben

5 Übe jede Zeile zweimal – schreibe sie anschließend „blind" (Monitor aus/Schriftfarbe Weiß). Kontrolliere deine „blinde Zeile". Sind Wörter falsch geschrieben? Übe diese jeweils eine Zeile lang.

16 falls das da half falls das da half falls das da half dass
17 säh das da säh das da säh das da säh das da säh das da säh
18 lös all das lös all das lös all das lös all das lös das da
19 da lag ja das häs da lag ja das häs da lag ja das häs dass

Schreibmarathon – 10 Zeilen

6 Übe die nächste Zeile erst, wenn du die vorherige fehlerfrei schreiben kannst.
Wie viele Versuche benötigst du? Notiere mit und kontrolliere deinen Erfolg beim nächsten Üben.

20 asdfg hjklöä fgf jhj öäö gfdsa äölkjh gfg hjh äöä ghä äöhg
21 half lag half lag half lag half lag half lag half lag half
22 lös das da säh das da jag das da lag das da sag das da lös
23 falls das half als das half das half da als das da ja half
24 jag sah jag sah jag sah jag sah jag sah jag sah jag sah ja
25 gas gas gas gas gas gas gas säh säh säh säh säh säh säh da
26 fahl klag fahl klag fahl klag fahl klag fahl klag fahl gas
27 jag all das sag all das säh all das lös all das läg das da
28 dass da sag ja lös das da sag da aha sag da ja säh das da
29 klag da half ja klag da half ja kahl da falls ja falls das

Großschreibung, Komma, Punkt

Für die Großschreibung benötigst du beide Hände gleichzeitig. Die schwarze Linie in der Mitte des Schaubilds trennt die Tasten der linken und rechten Hand.

Wenn du ein ▷ Zeichen der linken Hand wie z. B. ein F als Anfangsbuchstaben großschreiben möchtest, dann benutzt du gleichzeitig die rechte Umschalttaste.

Dein rechter kleiner Finger greift nach rechts unten zur Umschalttaste und drückt diese. Der linke Zeigefinger drückt die Taste für das F und anschließend geht der rechte kleine Finger wieder zurück in die Grundstellung.

Wenn du ein Zeichen der rechten Hand, z. B. das K, großschreiben willst, dann benutzt du die linke Umschalttaste.

Der kleine Finger der linken Hand greift nach links unten und hält die Umschalttaste gedrückt. Der rechte Mittelfinger drückt die Taste für das K und anschließend geht der linke kleine Finger wieder zurück in die Grundstellung.

Erinnere dich an den blauen Kobold. Er sitzt neben der Jacht und du schaust fragend zu ihm nach unten. „Du willst wohl wissen, wie ich hierherkomme?", fragt dich der Kobold. „Ich weiß es selbst nicht. Ich glaub, ich bin ins Komma gefallen und dann hier wieder aufgewacht." „Ins Komma gefallen? Du meinst wohl ins Koma gefallen. Ein **Komma** ist ein Satzzeichen." Du zeichnest ihm mit deinem blauen rechten Mittelfinger ein Komma in den Sand. „Wie auch immer, ich hab jedenfalls keine Ahnung, wie ich hierher Komma, äh komme", antwortet darauf der Kobold.

Der rechte blaue Mittelfinger greift leicht schräg nach rechts unten und drückt die Taste für das Komma. Danach geht er zurück in die Grundstellung.

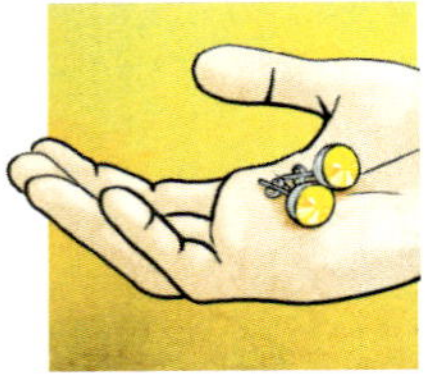

Unter Lisas gelbem Liegestuhl fällt dir ein kleiner **Punkt** auf. Du gehst neben dem Liegestuhl auf die Knie und schaust ihn dir genauer an. Als Lisa dich verwundert ansieht, schenkst du ihr ein breites Lächeln und sagst: „Entschuldigung, ich glaube, Sie haben da etwas verloren." Jetzt siehst du, dass es sich um gelbe Ohrringe handelt, und hebst sie auf. „Das hast du ja toll auf den Punkt gebracht. Das sind tatsächlich meine Ohrringe", antwortet dir Lisa glücklich.

Der rechte gelbe Ringfinger greift leicht schräg nach rechts unten. Er drückt die Taste für den Punkt und geht anschließend wieder zurück in die Grundstellung.

Schreibregeln zu Satzzeichen

Satzzeichen wie Punkt, Doppelpunkt, Komma und Semikolon folgen dem Wort ohne Leerzeichen. Danach setzt du aber einen Leerschritt.
Folgen danach Klammern oder Anführungszeichen, entfallen auch diese Leerschritte (siehe Seite 50 ff.).

- *Nutze jeweils die Umschalttaste der anderen Hand.*
- *Drücke zuerst die Umschalttaste, halte diese in Ruhe und schreibe dann deinen Buchstaben.*
- *Kehre anschließend wieder in die Grundstellung zurück.*

Großschreibung links – die rechte Umschalttaste nutzen

1 Übe jedes Wort eine Zeile lang.

1 Alaska Saal Dallas Fass Gala

Großschreibung rechts – die linke Umschalttaste nutzen

2 Übe jedes Wort eine Zeile lang.

2 Hals Jaffa Kalk Lada Öl Älga

Pyramiden auf- und abbauen

3 Baue die Pyramiden wie im Beispiel.
Mit dieser Übung trainierst du zusätzlich die Eingabetaste. Lies dazu die Information auf Seite 10.

3 Da lag das Haff.
4 Älga sah Alaska.
5 Da lag ja Jaffa.
6 Das Kajak lag da.
7 Alf sah das Fass.
8 Das Ölfass lag da.
9 Älga sah das Haff.

```
Da
Da lag
Da lag das
Da lag das Haff.
Da lag das
Da lag
Da
```

Rückwärtsschreiben

4 Erfasse vom Zeilenende aus – konzentriere dich gedanklich auf jeden Buchstaben.
Vergleiche das Ergebnis mit deinem Nachbarn/deiner Nachbarin. Stimmen eure Abschriften überein?

10 ,ssaF ,löaksalA ,lÖ ,alaG ,salG ,slaH ,llaF ,sallaD ,kajaK
11 ;alaG ;aglÄ ;aksalA ;ffaH ;alaG ;gaaH ;alakS ;ssaflÖ ;llaF
12 .lÖ .alaG .slaH .ssaF .löaksalA .adaL .kajaK .affaJ .akkaD
13 :flA :ffaH :aglÄ :gaaH :llaF :sallaD :llaH :salG :ölaksalA
14 ,aksalA gal ad ,kajaK sad ,lÖ sad ,aj sad söl ,sad lla gaj
15 .lÖ has aglÄ .kajaK sad gal aD .ad sad has flA .ssaflÖ saD

Schreibmarathon – 5 Zeilen

5 Übe die nächste Zeile erst, wenn du die vorherige fehlerfrei schreiben kannst.
Wie viele Versuche benötigst du? Notiere mit und kontrolliere deinen Erfolg beim nächsten Üben.

16 Alaska, Saal, Dallas, Fass, Gala, Hals, Jaffa, Kalk, Glas,
17 Öl, Älga, Haff, Glas, Skala, Kajak, Gas, Fall, Haag, Hall,
18 da lag das Öl; Älga sah Alaska; da lag das Kajak; das Gas;
19 Das Kajak lag da. Alf sah das Gas. Das Alaskaöl lag ja da.
20 Sag das ja Älga: Das Ölfass lag da: Alf sah das da: Skala:

Übung Satzzeichen

6 Setze die richtigen Leerzeichen – alle Zeilen werden gleich lang.

21 jagalldas,lösdasja,dasÖl,dasKajak,dalagAlaska,
22 DalagdasHaff.ÄlgasahdasÖl.LösdasFassda.Alaska.

Reflexion/Bewertung

7 Beurteile dich selbst – vergib dir Noten auf der Skala von 1–6 und ergänze in Worten.

Ich habe sorgfältig geübt.	
Das Üben ist mir leicht gefallen.	
In Zukunft werde ich darauf achten:	

Griffwege zu QWERT

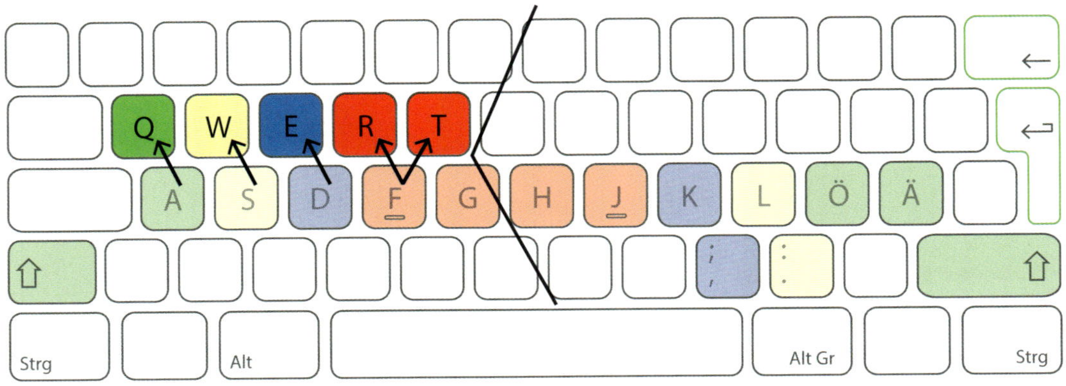

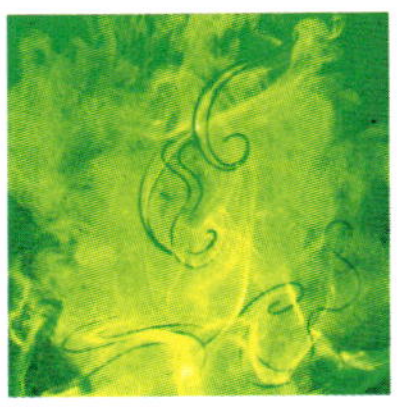

Erinnere dich daran, wie sich dein linker kleiner Finger grün gefärbt hat, als du den Apfel angestupst hast. Jetzt schwebt er plötzlich wieder auf Augenhöhe vor dir. Doch da löst sich der Apfel mit einem Knall in grünem **Qualm** auf. Du schaust dir deinen kleinen Finger der linken Hand an. Er sieht aber noch genauso grün aus wie vorher.

Der linke kleine Finger greift leicht schräg nach oben links. Er drückt die Taste für das Q und geht anschließend wieder zurück in die Grundstellung.

Du erinnerst dich sicher noch, wie sich dein linker Ringfinger durch den Sand gelb gefärbt hat. Du kniest dich hin und greifst in den Sand. Da löst sich von deinem gelben linken Ringfinger ein kleiner **Wirbelwind**. Er ist kleiner als deine Hand und wirbelt trotzdem viel Sand auf.

Der linke Ringfinger greift leicht schräg nach oben links. Er drückt die Taste für das W und geht anschließend wieder zurück in die Grundstellung.

Dein Finger fühlt sich plötzlich kalt an. Du schaust zuerst deinen linken Mittelfinger an und dann nach oben: Das blaue Dromedar blickt dich mit großen Augen an. Es hat sich ein blaues **Eis** geholt und schleckt es genüsslich. Davon ist dir etwas auf deinen linken blauen Mittelfinger getropft.

Der linke Mittelfinger greift leicht schräg nach oben links. Er drückt die Taste für das E und geht wieder zurück in die Grundstellung.

Dich kitzelt **Rauch** in der Nase. Du drehst dich zu der Feuerstelle um. In großen Wolken steigt der stinkende Rauch nach oben. Gedankenverloren zeichnest du den Verlauf des Rauchs mit deinem linken roten Zeigefinger nach.

Der linke Zeigefinger greift leicht schräg nach oben links. Er drückt die Taste für das R und geht anschließend wieder zurück in die Grundstellung.

Gustav steht mit fragendem Blick vor dir: „Links oben oder rechts oben?" „Rechts oben", lautet deine Antwort. „Richtig", sagt Gustav und holt hinter seinem Rücken eine leckere **Torte** hervor. Du probierst mit deinem linken Zeigefinger oben etwas von der Sahne.

Der linke Zeigefinger greift nach oben rechts. Er drückt die Taste für das T und geht anschließend wieder zurück in die Grundstellung.

- *Taste mit deinen Fingern nach oben in die Oberreihe.*
- *Kehre anschließend wieder in die Grundstellung zurück.*
- *Nutzt du T und R hintereinander, geht der Finger zwischendurch nicht in die Grundstellung.*

Griffübungen

1 Lass dir die Zeilen diktieren oder sprich laut mit.

1 aqa saqa aqa daqa aqa faqa qaq sqaq qaq dqaq qaq fqaq qasdf
2 sws asws sws dsws sws fsws wsw awsw wsw dwsw wsw fwsw wsadf
3 ded fded ded sded ded aded ede fede ede sede ede aede edfsa
4 frf afrf frf sfrf frf dfrf rfr arfr rfr srfr rfr drfr rfasd
5 ftf aftf ftf sftf ftf dftf tft atft tft stft tft dtft tfasd

Sicherheitstraining

2 Übe die Zeilen so lange, bis du sie fehlerfrei beherrschst.

6 qwert trewq qwert trewq aqa qaq sws wsw ded ede frf rfr ftf
7 tft saqa asws fded dfrf dftf sqaq awsw fede drfr dtft qwert

Wortübungen

3 Übe jedes Wort eine Zeile lang.

8 der war rar wer tat jagt
9 gase fege teer edel lade real
10 warte trage daher weder rette kälte
11 wahre werfe hörte löste älter hätte

Wörter auf- und abbauen

4 Schreibe wie im Beispiel: t te tes test teste testet teste test tes te t

12 testet erhöhe flagge fräste gehört fördere
13 träger gerade regelt ärgere gelöst erregte
14 fördert welkte segelt teerte wartet edelste

Rückwärtsschreiben

5 Erfasse vom Zeilenende aus – konzentriere dich gedanklich auf jeden Buchstaben. Vergleiche das Ergebnis mit deinem Nachbarn/deiner Nachbarin. Stimmen eure Abschriften überein?

15 etraw sad laer red re edareg red tetseteg red etsöl saw rew
16 lhaw tetseteg tah etsärf red gew raw reet red esag sad edal
17 esag raw retlä edareg trew etreet etläk sretfö etslede egef
18 etregrä etklew eredröf tat regärt tsöleg eregrä etleges tat
19 raw tat ehöhre tleger etetter tetset tröheg ettäh etraw rew
20 laer tetraw eredröf retlä eregrä etsärf tetseteg egef etläk

Schreibmarathon – 10 Zeilen

6 Übe die nächste Zeile erst, wenn du die vorherige fehlerfrei schreiben kannst. Wie viele Versuche benötigst du? Notiere mit und kontrolliere deinen Erfolg beim nächsten Üben.

21 qwert trewq qwert trewq qwert trewq qwert trewq qwert trewq
22 aqa qaq sws wsw ded ede frf rfr ftf tft aqs swd def fra fts
23 der gase tat fege teer rar edel wer lade tat real war hörte
24 warte trage daher weder rette kälter wahre werfe löst älter
25 hätte testete erhöhte fräste gehörte teerte förderte welkte
26 gerade regelt ärgere gelöst erregte fördert segelte edelste
27 löste es erregt, testete gerade edelste, regelte es gelöst,
28 förderte das öfters, hätte es daher kälter, segelte gerade,
29 fräste es gerade, wartete erregt, rettete das daher öfters,
30 fegte es leer, löste es real, testete es daher öfters leer,

Großschreibung QWERT

Wiederholung

1 Erfasse zum Einschreiben jede Zeile zweimal.

1 warte trage daher weder rette kälter wahre werfe löst älter
2 hätte testete erhöhte fräste gehörte teerte förderte welkte
3 fräste es gerade, wartete erregt, rettete das daher öfters,
4 löste es erregt, testete gerade edelste, regelte es gelöst,

Großschreibung QWERT – die rechte Umschalttaste nutzen

2 Übe jedes Wort eine Zeile lang.

5 Qat (Abkürzung für Katar)
6 Wasser
7 Erde
8 Radar
9 Test

Übe täglich mindestens 15 Minuten.
Decke die Tastatur ab.
Führe ein Tagebuch über deine Fortschritte.

Pyramiden auf- und abbauen

3 Baue die Pyramiden wie im Beispiel.
Mit dieser Übung trainierst du zusätzlich die Eingabetaste. Lies dazu die Information auf Seite 10.

10 Der Lehrer testet das Öl.
11 Fred sah alle Fehler.
12 Der Feldweg war sehr öde.
13 Er löste das Fell.
14 Älga säht es gerade.
15 Das Rad war öfters weg.
16 Helga fegte alles leer.
17 Das Radar sah das Wetter.
18 Er segelte gelöst daher.
19 Karl rettete das Werk öfters.

Der
Der Lehrer
Der Lehrer testet
Der Lehrer testet das
Der Lehrer testet das Öl.
Der Lehrer testet das
Der Lehrer testet
Der Lehrer
Der

Richtig schreiben

4 Beachte die richtige Groß- und Kleinschreibung.
Vergleiche das Ergebnis mit deinem Nachbarn/deiner Nachbarin. Stimmen eure Abschriften überein?

20 der lehrer testet das öl. fred sah alle fehler. das wasser;
21 er segelte gelöst. älga sah es gerade. der feldweg war öde.
22 helga fegte alles leer. das radar sah das wetter. der fels;
23 theresa rettet das werk. das rad war weg. er löst das fell.
24 der fels war leer. das wasser war kalt. er ärgerte gerhard.
25 das wetter war real. er leerte das wasser. karl wartete da.

Sätze schreiben

5 Setze an der richtigen Stelle Leerschritte – alle Zeilen werden wieder gleich lang.

26 DerTestwarreal.HelgasahalleFehler.DerTestwarweg.
27 DerFehlerderFaserwarda.DerTeerwegwaröde.DerFels;
28 TheresasahdasedleGeld.EswelktderWald.Helgawarda.
29 DasHeftlagöftersda.DerSafewarweg.GerhardhatteÖl.
30 ErsähteErde.DasFellwarsehrkalt.DasWasserwarleer.

Wiederholung

1 Erfasse zum Einschreiben jede Zeile zweimal.

1 er teerte das, es förderte das, er wartete ja, er säht das,
2 Er segelte gelöst. Älga sah es gerade. Der Feldweg war öde.
3 Der Fels war leer. Das Wasser war kalt. Er ärgerte Gerhard.
4 Das Heft lag öfters da. Der Safe war weg. Gerhard hatte Öl.
5 Theresa sah das edle Geld. Es welkte der Wald. Arta war da.

Wörter auf- und abbauen

2 Schreibe wie im Beispiel: F Fe Fel Feld Feldw Feldwe Feldweg Feldwe Feldw Feld Fel Fe F

6 Feldweg	Radartest
7 Gerhard	Gewählter
8 Wahltag	Teergasse
9 Jagdgast	Wasserader
10 Wasserglas	Wetterskala

Rückwärtsschreiben

3 Erfasse vom Zeilenende aus – konzentriere dich gedanklich auf jeden Buchstaben. Vergleiche das Ergebnis mit deinem Nachbarn/deiner Nachbarin. Stimmen eure Abschriften überein?

11 ;ressaW saD .relheF ella has lraK .lÖ sad tetset rerheL reD
12 ;sleF reD. retteW sad has radaR saD. reel sella etgef agleH
13 ;ssaflÖ saD .aserehT etregrä drahreG .retläk raw retteW saD
14 .lleF sad tsöl rE .gew raw daR saD .kreW sad tetter aserehT
15 .reel raw ressaW saD .tlak rhes raw lleF saD .edrE ethäs rE

Blindschreiben

4 Übe jede Zeile zweimal – schreibe sie anschließend „blind" (Monitor aus/Schriftfarbe Weiß). Kontrolliere deine „blinde Zeile". Sind Wörter falsch geschrieben? Übe diese jeweils eine Zeile lang.

16 Der Fehler der Faser war da. Der Teerweg war öde. Der Fels;
17 Der Test war real. Helga sah alle Fehler. Der Test war weg.
18 Er leerte das Wasser. Arta wartete da. Das Wetter war real.
19 Das Glas war edler. Der Safe war weg. Der Hals war ja kahl.
20 Trage das Heft daher. Löse das Segel da. Er rettet das Rad.

Schreibmarathon – 10 Zeilen

5 Übe die nächste Zeile erst, wenn du die vorherige fehlerfrei schreiben kannst. Wie viele Versuche benötigst du? Notiere mit und kontrolliere deinen Erfolg beim nächsten Üben.

21 testet fördert segelt ärgert wartet erregt welkt segelt rar
22 er löste das, das erregte sehr, werfe das da weg, lass das,
23 es gehört das, regelt das, es war rar, er erwartete das da,
24 Radar Test Heft Erde Wasser Qat Glas Hals Kajak Dallas Fass
25 Öl Alaska Weg Lehrer Wahl Trasse Fell Ekel Wasser Helga Häs
26 Der Tag der Wahl. Der Wahlhelfer war da. Alf war Gewählter.
27 Löst das Fell. Tragt das Wasser her. Das Fell war ekelhaft.
28 Der Feldweg war öde. Der Weg war geteert. Er erwartete das.
29 Er rettet das Segel. Der Wert des Felles. Das kalte Wetter.
30 Der Radartest war weg. Der Helfer war real. Der leere Safe.

Griffwege zu ZUIOPÜ

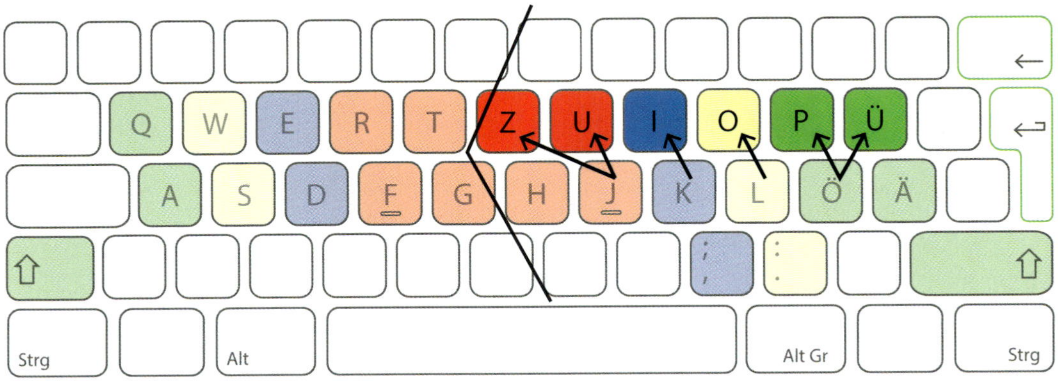

Links oben in der Kajüte der Jacht klebt ein roter **Zettel** mit der Aufschrift „Anker einholen!". Du greifst mit deinem roten rechten Zeigefinger nach links oben, um den Zettel fest anzudrücken.

Dein rechter roter Zeigefinger greift nach schräg links oben zum Z, drückt die Taste und geht zurück in die Grundstellung.

Du erinnerst dich an Lisa im gelben Liegestuhl und ihre **Ohrringe**. Lisa nimmt dir die Ohrringe ab und befestigt sie am Ohr. An den Ohrringen ist ein gelber Kristall befestigt, der schön im Sonnenlicht funkelt.

Dein rechter gelber Ringfinger greift nach oben, drückt die Taste für das O und geht zurück in die Grundstellung.

In der Kajüte ist über dir eine **Uhr** mit großen, roten Ziffern eingebaut. Du greifst mit deinem rechten Zeigefinger nach oben und drückst die rote Taste. „Ich bin die Uhr, du musst mich lieb haben", ertönt es aus den Lautsprechern.

Dein rechter roter Zeigefinger greift nach oben zum U, drückt die Taste und geht zurück in die Grundstellung.

Hinter dem Liegestuhl kommt das grüne Öfföff hervor. Es trägt einen riesigen **Pinsel** über dem Kopf, von dem in dicken Tropfen grüne Farbe heruntertropft. Wie ein Gewichtheber hält es den Pinsel über sich.

Dein rechter grüner kleiner Finger greift nach oben, drückt die Taste für das P und geht anschließend zurück in die Grundstellung.

Der blaue Kobold deutet auf seine Haare: „Siehst du den Iro auf meinem Kopf?" Du schaust ihn nur an wie ein Fragezeichen. „Den **I-ro-kesen-schnitt** – den hatte ich gestern noch nicht. Meine schönen langen, blauen Haare", sagt der Kobold.

Dein rechter blauer Mittelfinger greift nach oben zum I, drückt die Taste und geht zurück in die Grundstellung.

Das Öfföff will dich anscheinend anmalen. Vor lauter **Übermut** übersieht es aber rechts oben eine Strebe des Liegestuhls und fällt hin. Dabei bekleckert es sich von oben bis unten mit grüner Farbe.

Dein rechter grüner kleiner Finger greift schräg nach rechts oben, drückt die Taste für das Ü und geht anschließend zurück in die Grundstellung.

- Taste mit deinen Fingern nach oben in die Oberreihe.
- Kehre anschließend wieder in die Grundstellung zurück.
- Nutzt du Z und U hintereinander, geht der Finger zwischendurch nicht in die Grundstellung.

Griffübungen

1 Lass dir die Zeilen diktieren oder sprich laut mit.

1 öüö jöüö öüö köüö öüö löüö üöü jüöü üöü küöü üöü lüöü üöjkl
2 öpö jöpö öpö köpö öpö löpö pöp jpöp pöp kpöp pöp lpöp pöjkl
3 lol jlol lol klol lol ölol olo jolo olo kolo olo öolo oljkö
4 kik jkik kik lkik kik ökik iki jiki iki liki iki öiki ikjlö
5 juj kjuj juj ljuj juj öjuj uju kuju uju luju uju öuju ujklö
6 jzj kjzj jzj ljzj jzj öjzj zjz kzjz zjz lzjz zjz özjz zjklö

Sicherheitstraining

2 Übe die Zeilen so lange, bis du sie fehlerfrei beherrschst.

7 poiuz zuiop öüö öpö lol kik juj jzj üöü pöp olo iki juj jzj
8 jüöü jöpö jlol jkik juju jzjz jüöü jpöp jolo jiki ujuj zjzj

Wortübungen

3 Übe jedes Wort eine Zeile lang.

9	die	wie	auf	zur	top	roh
10	kühl	ölig	lila	agil	rühr	klug
11	siede	frohe	jetzt	kaufe	zeigt	ulkig
12	ruhig	woher	ledig	wiege	koste	küsse

Wörter auf- und abbauen

4 Schreibe wie im Beispiel: e er ert erta ertap ertapp ertappt ertappte ertappt ertapp ertap erta ert er e

13	ertappte	fordert	zuletzt	gefiel	felsig	daraus
14	geduldig	ruhiger	herfuhr	kürzer	wolkig	passte
15	salziger	zögerte	liefert	quirlt	sparte	quiekt

Rückwärtsschreiben

5 Erfasse vom Zeilenende aus – konzentriere dich gedanklich auf jeden Buchstaben. Vergleiche das Ergebnis mit deinem Nachbarn/deiner Nachbarin. Stimmen eure Abschriften überein?

16 ,gitsirfzruk se tleger ,fua uzad tredrof ,tziereg rhes tsi
17 ,rezrük sawte rhuf ,sretfö eis etssük ,fua gidludeg etssap
18 ,tredrofegfua uzad tah ,reuet uz rhi tsi ,tregözeg tfo tah
19 ,gidludeg tlhaz ,gitsirfzruk se etreittiuq ,sol retäps rhuf
20 ,treizziks sella ettah ,llits tztej tztis ,etueh se tleger

Schreibmarathon – 10 Zeilen

6 Übe die nächste Zeile erst, wenn du die vorherige fehlerfrei schreiben kannst. Wie viele Versuche benötigst du? Notiere mit und kontrolliere deinen Erfolg beim nächsten Üben.

21 die kühl siede wie auf küsse zur wiege top roh woher ulkig
22 frohe ölig lila agil ledig kaufe rühre kluge zeigte kostet
23 jetzt ruhig quiekt spart liefert zögert rührte später fuhr
24 salzig ertappte forderte wolkig kürzer sähe zuletzt daraus
25 quoll geduldig felsig gefiel prostete quakte erfuhr küsste
26 lieferte eifrig, quiekte öfters lautstark, siede sehr oft,
27 war wieder salzig, fuhr ihr zu spät los, skizzierte ruhig,
28 quirlte alles eifrig, küsste sie öfters, fordert dazu auf,
29 passte ihr super, pausierte später, war oft früher fertig,
30 hat alles quittiert, tat ihr sehr leid, war heute gerührt,

Großschreibung ZUIOPÜ

Wiederholung

1 Erfasse zum Einschreiben jede Zeile zweimal.

1 kühl top koste küsse ulkig zeigt ledig wiege ruhig ölig zur
2 sitzt jetzt sofort still, spare dir etwas, wiege es öfters,
3 teste es ruhig, quirle es kürzer, regelt es später, salzig,

Großschreibung ZUIOPÜ – die linke Umschalttaste nutzen

2 Übe jedes Wort eine Zeile lang.

4 Zug, Ufo, Igel, Otto, Paula, Ütze

Pyramiden auf- und abbauen

3 Baue die Pyramiden wie im Beispiel.
Mit dieser Übung trainierst du zusätzlich die Eingabetaste. Lies dazu die Information auf Seite 10.

5 Theo reagierte wieder gereizt.
6 Die Oper war etwas kürzer.
7 Das lila Festkleid passt super.
8 Das Reisfeld lieferte Ertrag.
9 Die Pforte war wieder leer.
10 Der Fahrer war aus Prag.
11 Die Liste der Ersatzteile fehlt.
12 Hildegard wirkt sehr geduldig.
13 Horst zeigte Karla das Spiel.

```
Theo
Theo reagierte
Theo reagierte wieder
Theo reagierte wieder gereizt.
Theo reagierte wieder
Theo reagierte
Theo
```

Richtig schreiben

4 Beachte die richtige Groß- und Kleinschreibung.
Vergleiche das Ergebnis mit deinem Nachbarn/deiner Nachbarin. Stimmen eure Abschriften überein?

14 die teile gekauft, das auto geparkt, die eierspeise kostet,
15 der löffel war aus prag, die feier war lautstark, der reis,
16 alle jahre wieder, die taktik war ok, der safe war ja leer,
17 die garage kostete geld. der zeltstoff wurde dort gelagert.
18 die speise ist salzig. der teig ist gequirlt, oder gerührt.
19 die operette gefiel peter sehr gut. ulrike hörte sie heute.

Sätze schreiben

5 Setze an der richtigen Stelle Leerschritte – alle Zeilen werden gleich lang.
Vergleiche das Ergebnis mit deinem Nachbarn/deiner Nachbarin. Stimmen eure Abschriften überein?

20 KlaraleertejaihrGlas.DasPferdwarwiedersehrtapfer.
21 Uliwarhäufigpietätslos.DerSpatzpiepsteoftlautstark.
22 DerFahrerdesFahrzeugesholtheutejaausPragdieTeile.
23 TrotzderHitzewurdedieseWettfahrtausÜtzefortgesetzt.
24 FriedasFestkleidistwiederhellrosasowielilagestreift.

Reflexion/Bewertung

6 Beurteile dich selbst – vergib dir Noten auf der Skala von 1–6 und ergänze in Worten.

Ich habe sorgfältig geübt.	
Das Üben ist mir leicht gefallen.	
In Zukunft werde ich darauf achten:	

Wiederholung

1 Erfasse zum Einschreiben jede Zeile zweimal.

1 Zug, Ufo, Igel, Otto, Paula, Ütze, Uhr, Zar, Isa, Operette,
2 die Teile gekauft, das Auto geparkt, die Eierspeise kostet,
3 der Löffel war aus Prag, die Feier war lautstark, der Reis,
4 Das lila Festkleid passt gut. Das Reisfeld lieferte Ertrag.
5 Die Pforte war wieder leer. Sedef zeigt Otto das Spielfeld.

Wörter auf- und abbauen

2 Schreibe wie im Beispiel: Q Qu Qua Quar Quarz Quarzu Quarzuh Quarzuhr Quarzuh Quarzu Quarz Quar Qua Qu Q

6 Quarzuhr Uhrzeiger
7 Reisfeld Festigkeit
8 Kaukasus Autofahrer
9 Festkleid Kreditrate
10 Spielfeld Ersatzteil

Übe täglich mindestens 15 Minuten.
Decke die Tastatur ab.
Führe ein Tagebuch über deine Fortschritte.

Rückwärtsschreiben

3 Erfasse vom Zeilenende aus – konzentriere dich gedanklich auf jeden Buchstaben. Vergleiche das Ergebnis mit deinem Nachbarn/deiner Nachbarin. Stimmen eure Abschriften überein?

11 ,rhU eid etgiez re ,reel raw elleuQ eid ,gew raw ellauQ eid
12 ,siE tah rodoehT ,giklu raw rerheL red ,llerg tsi eiliL eid
13 .rhafeG eseid has reflehtsrE reD .etreippolag etutslesE eiD
14 .treiefeg trofos edruw raZ reD .aj sotoF eid has eppurG eiD
15 .etssap essakztasrE eiD .regidludeg sliateD eid tretröre rE

Blindschreiben

4 Übe jede Zeile zweimal – schreibe sie anschließend „blind" (Monitor aus/Schriftfarbe Weiß). Kontrolliere deine „blinde Zeile". Sind Wörter falsch geschrieben? Übe diese jeweils eine Zeile lang.

16 Das Ohr tut weh. Die Aufläufe liefert er. Das Salz war aus.
17 Die Oper ist aus. Peter zögert sehr oft. Die Suppe ist fad.
18 Das Frühjahr war sehr kalt. Der Frust sitzt hier sehr tief.
19 Die Fuhre war heute die letzte Fahrt. Die Zeit war zu kurz.
20 Der Hörer ist geduldig. Das Horoskop war öfter aussagelos.

Schreibmarathon – 10 Zeilen

5 Übe die nächste Zeile erst, wenn du die vorherige fehlerfrei schreiben kannst. Wie viele Versuche benötigst du? Notiere mit und kontrolliere deinen Erfolg beim nächsten Üben.

21 fordert ölig frohe lila jetzt ledig wiege koste küsse siede
22 er ertappte sie da, es war salziger, sie wog alles zuletzt,
23 sie wartete geduldig, es quiekte lauter, es wurde wolkiger,
24 Quarzuhr Zeiger Ohr Reis Kaukasus Autofahrt Festkleid Paula
25 Kredit Igel Spielfeld Ersatz Lilie Oper Peter Ufer Zar Kult
26 Der Hörtest lieferte Gewissheit. Der Ire feierte sehr laut.
27 Iowa ist dieser Staat der USA. Der Apotheker hatte das Jod.
28 Opa fuhr zu Gerhard. Friederike sah heute sehr erhitzt aus.
29 Tarek liefert das aus. Der Heustadel war heute wieder leer.
30 Die Kuh kostet dieses Gras der Weide, es war wieder saftig.

Griffwege zu YXCVB

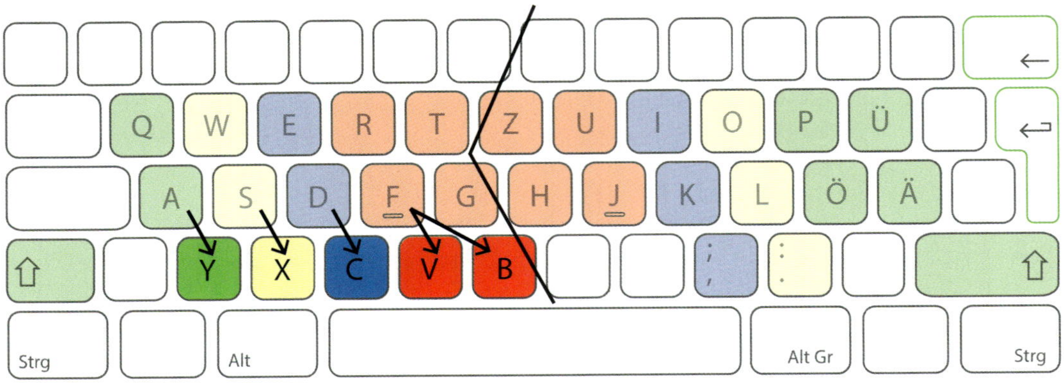

Der grüne Apfel ist wieder da. Als du nach ihm greifst, schwebt er ein kleines Stück weiter zu einer **Yuccapalme**. Du traust deinen Augen kaum: Auf der Yuccapalme wachsen Äpfel. Du greifst nach unten und nimmst dir einen der Äpfel, die schon heruntergefallen sind. Dein linker kleiner Finger hat die gleiche Farbe wie der Apfel. Nach kurzem Überlegen ist dir dann aber doch der Appetit vergangen.

Der linke kleine Finger greift leicht schräg nach unten rechts. Er drückt die Taste für das Y und geht anschließend wieder zurück in die Grundstellung.

Zu deinen Füßen entdeckst du etwas Buntes im Sand. Der Wirbelwind hat ein verborgenes Xylofon freigelegt. Du bewegst deinen linken gelben Ringfinger nach unten, um darauf zu spielen. Leider hörst du nur das Klacken einer Tastatur.

Der linke Ringfinger greift leicht schräg nach unten rechts. Er drückt die Taste für das X und geht anschließend wieder zurück in die Grundstellung.

Es kommt ein **Clown** auf dich zu. Er trägt eine blaue Clownsnase und ist sehr klein. Als er vor dir stehen bleibt, schaust du nach unten. Er setzt sein traurigstes Clownsgesicht mit aufgemalter Träne auf und fragt: „Hast du mein blaues Dromedar gesehen?" Du antwortest: „Ja, aber es ist hinter diesem Hügel verschwunden." Der Clown verliert vor Freude fast die blaue Clownsnase und rennt in die Richtung davon.

Der linke blaue Mittelfinger greift leicht schräg nach unten rechts. Er drückt die Taste für das C und geht anschließend wieder zurück in die Grundstellung.

Du erinnerst dich an den dicken Rauch und würdest gerne den Grund kennen. Die Ursache ist wirklich erstaunlich. Du entdeckst hinter der Feuerstelle einen echten kleinen **Vulkan**. Er spuckt kleine rote Lavabrocken in den Sand und qualmt und stinkt vor sich hin.

Der linke Zeigefinger greift leicht schräg nach unten rechts. Er drückt die Taste für das V und geht anschließend wieder zurück in die Grundstellung.

Gustav ist es anscheinend langweilig. Er kniet im Sand und baut eine **Burg**. Wenn Gustav den Sand anfasst, wird er rot, und somit ist die ganze Burg strahlend rot. Du gehst nach unten, um sie dir genauer anzusehen. Sie ist sehr genau gearbeitet und man sieht sogar kleine Ritter auf der roten Burgmauer.

Der linke Zeigefinger greift weit nach unten rechts. Er drückt die Taste für das B und geht anschließend wieder zurück in die Grundstellung.

- *Taste mit deinen Fingern nach rechts unten in die Unterreihe.*
- *Kehre anschließend wieder in die Grundstellung zurück.*
- *Bist du auch nicht verrutscht?*

Griffübungen

1 Lass dir die Zeilen diktieren oder sprich laut mit.

```
1  aya faya aya daya aya saya yay fyay yay dyay yay syay yafds
2  sxs fsxs sxs dsxs sxs asxs xsx fxsx xsx dxsx xsx axsx xsfda
3  dcd fdcd dcd sdcd dcd adcd cdc fcdc cdc scdc cdc acdc cdfsa
4  fvf dfvf fvf sfvf fvf afvf vfv dvfv vfv svfv vfv avfv vfdsa
5  fbf dfbf fbf sfbf fbf afbf bfb dbfb bfb sbfb bfb abfb bfdsa
```

Sicherheitstraining

2 Übe die Zeilen so lange, bis du sie fehlerfrei beherrschst.

```
6  yxcvb bvcxy yxcvb bvcxy aya yay sxs xsx dcd cdc fvf vfv fbf
7  bfb faya fsxs fdcd dfvf dfbf fyay fxsx fcdc dvfv dbfb yxcvb
```

Wortübungen

3 Übe jedes Wort eine Zeile lang.

```
8   bis       vor       cal       bar       bei       fix
9   chic      vier      vage      yard      bade      acht
10  extra     loyal     dicht     vacat     vados     bucht
11  bäckt     eckig     barst     blüht     gräbt     färbt
```

Wörter auf- und abbauen

4 Schreibe wie im Beispiel: f fi fix fixi fixie fixier fixiert fixier fixie fixi fix fi f

```
12  fixiert   richtig   exotisch  sachlich  wertvoll  bayrisch
13  taxiert   beliebt   beachtet  begütert  beheizte  physisch
14  vagiert   liquide   variabel  vertraut  variiert  typische
```

Rückwärtsschreiben

5 Erfasse vom Zeilenende aus – konzentriere dich gedanklich auf jeden Buchstaben. Vergleiche das Ergebnis mit deinem Nachbarn/deiner Nachbarin. Stimmen eure Abschriften überein?

```
15  ,retbeileb raw ,echsitoxe etreiirav ,hcilhcas eis etreixat
16  ,se ethcub ,egav ethcad ,githcir se etbräf ,reiv etlletseb
17  ,edareg se etzieheb ,tretügeb rhes tsi ,lebairav repus raw
18  ,thca tlhäz ,rediel tsrabrez ,feit uz burg ,gikce se etuab
19  ,sua cihc rhes has ,xif se treikcal ,hcilssärg githcir tsi
20  ,rab etlhazeb ,egav reba se treixat ,hcsiryab rhes etledoj
```

Schreibmarathon – 10 Zeilen

6 Übe die nächste Zeile erst, wenn du die vorherige fehlerfrei schreiben kannst. Wie viele Versuche benötigst du? Notiere mit und kontrolliere deinen Erfolg beim nächsten Üben.

```
21  färbte bargeldlos vage fixiert vierzig badete achtlos chic
22  extra loyal vacat bäckt vados blüht eckig zerbarst richtig
23  gräbt färbt exotisch sachlich wertvoll bayrisch physischer
24  taxiert beliebt beachtet begütert beheizte vagiert cheerio
25  variabel vertraut variiert bedächtig besucht schreit kocht
26  kochte viel leckeres, besuchte sie öfter, schrieb gerade,
27  sucht wertvolles heraus, variiert vergeblich, beheizte es,
28  dachte loyaler, taxiert sie vertraut, fixiert es variabel,
29  sah chic aus, bezahlt bar, roch tatsächlich sehr exotisch,
30  jodelte bayrisch, war physisch stabiler, prostete cheerio,
```

Großschreibung YXCVB

Wiederholung

1 Erfasse zum Einschreiben jede Zeile zweimal.

1 loyal oxydiert flacher kursiv bayerische zyklisch befördert
2 liquid exquisite durchquert boykottiert exklusiv qualitativ
3 das ist typisch, er wird sehr sachlich, sie schwieg öfters,
4 er ist total flexibel, es oxydiert stark, es ist idyllisch,

Großschreibung YXCVB – die rechte Umschalttaste nutzen

2 Übe jedes Wort eine Zeile lang.

5 York
6 Xaver
7 Chile
8 Vogel
9 Boxer

> Übe täglich mindestens 15 Minuten.
> Decke die Tastatur ab.
> Führe ein Tagebuch über deine Fortschritte.

Pyramiden auf- und abbauen

3 Baue die Pyramiden wie im Beispiel.
Mit dieser Übung trainierst du zusätzlich die Eingabetaste. Lies dazu die Information auf Seite 10.

10 The railway is always late.
11 This girl looks so pretty.
12 He has a good vocabulary.
13 They grey viper is beside you.
14 Victoria is twelve years old.
15 I love this strawberry yoghurt.
16 Visit this beautiful village.
17 The victory was fifty years ago.
18 Use this chalkbag for your safety.
19 This yellow car is very usefully.

```
The
The railway
The railway is
The railway is always
The railway is always late.
The railway is always
The railway is
The railway
The
```

Richtig schreiben

4 Beachte die richtige Groß- und Kleinschreibung.
Vergleiche das Ergebnis mit deinem Nachbarn/deiner Nachbarin. Stimmen eure Abschriften überein?

20 sehr exquisite lage, qualitativ gutes haus, sicherster ort,
21 derya ist sich sicher. der stab oxydiert leider sehr stark.
22 der boxer schweigt zu dieser attacke. victor durchquert es.
23 sie opferte alles für luxus. die öse fixiert das kajak gut.
24 harry segelte auf der yacht bis dubai sowie bis zur ostsee.
25 der frosch paddelte oft fröhlich quer durch isabells teich.

Sätze schreiben

5 Füge die Leerzeichen richtig ein – erfasse mit korrekter Großschreibung.
Vergleiche das Ergebnis mit deinem Nachbarn/deiner Nachbarin. Stimmen eure Abschriften überein?

26 dieserboxerwarsehrflexibel.victorhattesuperreflexe.
27 derschweizerphysikerhattealleversucheselbstgetestet.
28 dietypischbayrischeidyllelocktevielebesucherhierher.
29 derkollegealiistpsychischsowiephysischargbelastbar.
30 derchefstattetedievillabeiharburgrechtluxuriösaus.

Wiederholung

6 Erfasse zum Einschreiben jede Zeile zweimal.

1 York, Xaver, Chile, Vogel, Boxer, Yoga, Yacht, Chöre, Ball,
2 Bagger, Claudia, Yak, Volt, Bube, Vollwaise, Bayer, Xerxes,
3 oft loyal, vor der Wüste verweilt, rücksichtsloser Boykott,
4 Er war dieser Yippie. Das Büro hatte ja zwölf Xerokopierer.
5 Toby hörte auf Zacharias. Dieses Ballgefühl ist echt super.

Wörter auf- und abbauen

7 Schreibe wie im Beispiel: X Xe Xer Xero Xerog Xerogr Xerogra Xerograf Xerografi Xerografie Xerografi Xerograf Xerogra Xerogr Xerog Xero Xer Xe X

6 Xerografie	Chorprobe
7 Yggdrasil	Xylografie
8 Yogalehrer	Ballgefühl
9 Völkerball	Clairvaux
10 Vollblutpferd	Bachforelle

Rückwärtsschreiben

8 Erfasse vom Zeilenende aus – konzentriere dich gedanklich auf jeden Buchstaben. Vergleiche das Ergebnis mit deinem Nachbarn/deiner Nachbarin. Stimmen eure Abschriften überein?

11 .frahcs zu rediel ewU eiwos aidualC rüf raw revlupilihC saD
12 .glofrE ettah segruoB sib xuavrialC rebü siraP ba esieR eiD
13 .trheleg tretsiegeb rhes etueh hpotsirhC tah rerhelagoY reD
14 .sella suidualC rolrev tdatspaK hcrud esierlahcsuaP red ieB
15 .tetseteg tsbles hcod rotkiV tah reitrauQ etrewsierp seseiD

Blindschreiben

9 Übe jede Zeile zweimal – schreibe sie anschließend „blind" (Monitor aus/Schriftfarbe Weiß). Kontrolliere deine „blinde Zeile". Sind Wörter falsch geschrieben? Übe diese jeweils eine Zeile lang.

16 Xylose ist Holzzucker. Berra spielte früher oft Völkerball.
17 Die Bachforelle fühlt sich wohl. Lea besucht die Chorprobe.
18 Der Christopher Street Day lockte Uli dieses Jahr bis Ybbs.
19 Dieser Grafschaft fehlte exquisites sowie exklusives Flair.
20 Der Graphologe urteilt Schrift als Ausdruck des Charakters.

Schreibmarathon – 10 Zeilen

10 Übe die nächste Zeile erst, wenn du die vorherige fehlerfrei schreiben kannst. Wie viele Versuche benötigst du? Notiere mit und kontrolliere deinen Erfolg beim nächsten Üben.

21 zyklisch oxydierte loyaler exquisite qualitative idyllische
22 York Xaver Chile Vogel Boote Yacht Xerxes Clairvaux Badesee
23 sie blieb sachlich, es oxydiert stark, alles war idyllisch,
24 der qualitativ exklusive Ausstatter, sie liebte Luxusautos,
25 fixierter Stacheldraht, exquisite Yacht, fröhlicher Yippie,
26 Der Yogalehrer ist auf Zack, er fördert die Schüler gleich.
27 Der Ysop half als Heilkraut sowie für diese perfekte Würze.
28 Die Weltesche, auch als Yggdrasil betitelt, wuchs exakt da.
29 Dieser Decoder schlüsselte die Ziffer auf, er war sehr fix.
30 Der Defibrillator rettete Christoph, er erholte sich rasch.

Griffwege zu NM und Mittestrich

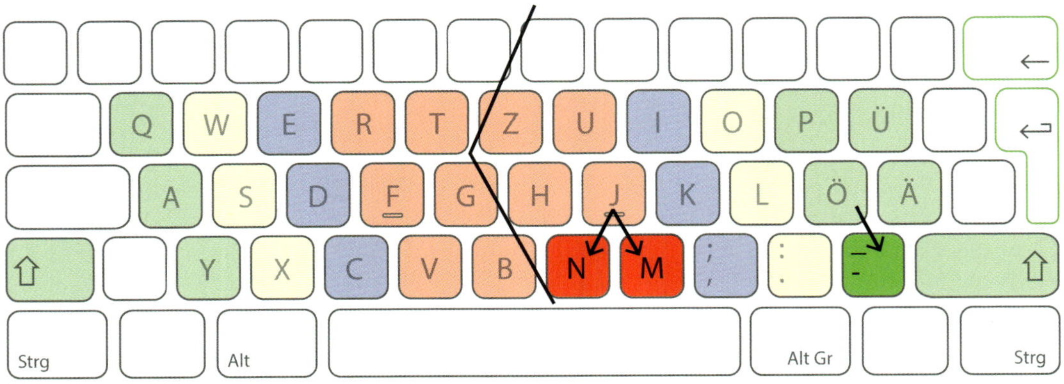

Du stehst auf der Jacht. Eine Klappe im Boden macht dich neugierig. Als du sie öffnest, siehst du einen starken **Motor**. Verträumt streichst du mit deinem rechten Zeigefinger nach rechts unten über die polierten Motorteile.

Dein roter Zeigefinger der rechten Hand greift nach unten rechts und drückt die Taste für das M. Anschließend geht er zurück in die Grundstellung.

Du erinnerst dich daran, dass dein **Name** auf der Bordwand stand. Du siehst ihn dir genauer an: Er wurde zuerst ins Holz geschnitzt und dann mit weißer Farbe ausgemalt. Du greifst mit deinem rechten Zeigefinger nach links unten und fährst deinen Namen ab.

Dein rechter roter Zeigefinger greift nach unten links, drückt die Taste für das N und geht danach zurück in die Grundstellung.

Plötzlich ist auch das grüne Öfföff wieder da. Bevor du reagieren kannst, spürst du etwas Kühles, Feuchtes an deinem Bein. Verblüfft schaust du nach unten und siehst einen grünen **Strich** auf deinem Schienbein. Die Farbe beginnt, in dicken Tropfen an deinem Bein hinunterzulaufen. Du greifst nach unten und versuchst, den Strich abzuwischen, aber es gelingt dir nicht. Lediglich dein kleiner rechter Finger ist noch grüner als vorher.

Dein grüner kleiner rechter Finger greift nach unten rechts, drückt die Taste für den Mittestrich und geht zurück in die Grundstellung.

- Taste mit deinen Fingern nach unten in die Unterreihe.
- Kehre anschließend wieder in die Grundstellung zurück.
- Deine Daumen ruhen auf der Leertaste.

Griffübungen

1 Lass dir die Zeilen diktieren oder sprich laut mit.

1 jnj kjnj jnj ljnj jnj öjnj njn knjn njn lnjn njn önjn njklö
2 jmj kjmj jmj ljmj jmj öjmj mjm kmjm mjm lmjm mjm ömjm mjklö
3 ö-ö jö-ö ö-ö kö-ö ö-ö lö-ö -ö- j-ö- -ö- k-ö- -ö- l-ö- -öjkl

Sicherheitstraining

2 Übe die Zeilen so lange, bis du sie fehlerfrei beherrschst.

4 -.,mn nm,.- jnj njn jmj mjm ö-ö -ö- jnj jmj ö-ö njn mjm -ö-
5 nur mit ihm ein mag noch kein denn wenn kann wann dann nein

Wortübungen

3 Übe jedes Wort eine Zeile lang.

6 grün x-te noch malt fünf neun
7 meine x-mal innen mault singt zahnt

Wörter auf- und abbauen

4 Schreibe wie im Beispiel: b be ben bene benen benenn benennt benenn benen bene ben be b

8 benennt berühmt umrahmt x-förmig mehrmals unbekannt
9 maximal spontan ähnlich schmollt einseift demnächst

Rückwärtsschreiben

5 Erfasse vom Zeilenende aus – konzentriere dich gedanklich auf jeden Buchstaben. Vergleiche das Ergebnis mit deinem Nachbarn/deiner Nachbarin. Stimmen eure Abschriften überein?

10 ,ierfdnawnie sella treikram ,llovnnis remmi se etreilumrof
11 ,gisme thän ,gitsirfgnal tsiem teteimrev ,slamrhem tednuts
12 ,lam-x etrennire ,natnops sella etmlif ,sua gimröf-x theis
13 ,senies treikram ,hcilgät tsiem tllomhcs ,nehessau hcilnhä
14 ,nedroweg tmhüreb raw ,slamrhem etetoneb ,nretseg se etlam

Schreibmarathon – 10 Zeilen

6 Übe die nächste Zeile erst, wenn du die vorherige fehlerfrei schreiben kannst. Wie viele Versuche benötigst du? Notiere mit und kontrolliere deinen Erfolg beim nächsten Üben.

15 nur mit ihm ein mag nun grün x-te noch malt fünf neun dann
16 nagen beten baden düsen nähen meine x-mal innen mault sang
17 immer zahnt benennt berühmt umrahmt x-förmig mehrmals wenn
18 unbekannt beginnt benotet gefilmt gelingt zukommen gestern
19 hiermit stunden markierte sinnig vermietet maximal spontan
20 benennt mehrere, nutzt es noch einmal, malt alles fünfmal,
21 meint es meist ähnlich, beginnt zu summen, fand es vorher,
22 war schon abgefallen, schmeckte prima, probiert x-mal aus,
23 programmierte sein eigenes, probt es konsequent monatlich,
24 schneidet x-förmig, schimpften über ihn, qualmten drinnen,

Blockschreiben

7 Stelle dir eine Stoppuhr auf fünf Minuten. Wie oft schaffst du beide Zeilen hintereinander fehlerfrei? Notiere dein Ergebnis und teste dich an mehreren Tagen. Wie hat sich deine Leistung verbessert?

25 benennt kommen mehrmals spontan x-förmig unbekannt mietete
26 sie benannte es spontan, mietete es x-mal, rannte maximal,

Großschreibung NM

Wiederholung

1 Erfasse zum Einschreiben jede Zeile zweimal.

1 meine nun mindestens grün minimal mähen mögen manisch nähte
2 mag davon mehr, verneinte mehrmals, möchte aber mindestens,
3 machte nichts allein, nähte gründlich, weinte dann manisch,

Großschreibung NM – die linke Umschalttaste nutzen

2 Übe jedes Wort eine Zeile lang.

4 Mama, Nebel, Malmö, Nacken, Mittag, Nacht
5 Maria, Norden, Mosambik, Norwegen, Mandel, Nadel

Pyramiden auf- und abbauen

3 Baue die Pyramiden wie im Beispiel.
Mit dieser Übung trainierst du zusätzlich die Eingabetaste. Lies dazu die Information auf Seite 10.

6 Meine Mutter mag Mandeln.
7 Norbert meidet den Nebel.
8 Malmö liegt im Norden.
9 Mike hat einen steifen Nacken.
10 Madagaskar liegt vor Mosambik.
11 Mia nutzt gerne Nagellack.
12 Daniele sucht den Nagel.
13 New Mexiko liegt in den USA.

Meine
Meine Mutter
Meine Mutter mag
Meine Mutter mag Mandeln.
Meine Mutter mag
Meine Mutter
Meine

Richtig schreiben

4 Beachte die richtige Groß- und Kleinschreibung.
Vergleiche das Ergebnis mit deinem Nachbarn/deiner Nachbarin. Stimmen eure Abschriften überein?

14 die neue mode, letzter mohikaner, das moderne nebengebäude,
15 an der blauen moldau, nubuk aus mogadischu, nächsten noten,
16 in null komma nichts, ein notquartier suchen, die maschine,
17 marianne aus massachusetts buchte bei manfred eine massage.
18 die masern fesselten max mehrere male an sein bett zuhause.

Sätze schreiben

5 Füge die Leerzeichen richtig ein – erfasse mit korrekter Großschreibung.
Vergleiche das Ergebnis mit deinem Nachbarn/deiner Nachbarin. Stimmen eure Abschriften überein?

19 diemassaimochtenamibiaundmalibesondersgernbesuchen.
20 vieletouristenbesuchtennorwegenumdielofotenzusehen.
21 meeresschildkrötenlebennaturnahaufdengalapagosinseln.
22 historischwurdendieweltmeereinsiebenmeereaufgeteilt.
23 diegründungderLMUmünchenerfolgtedamalsiningolstadt.

Reflexion/Bewertung

6 Beurteile dich selbst – vergib dir Noten auf der Skala von 1–6 und ergänze in Worten.

Ich habe sorgfältig geübt.	
Das Üben ist mir leicht gefallen.	
In Zukunft werde ich darauf achten:	

Wiederholung

1 Erfasse zum Einschreiben jede Zeile zweimal.

1 Norden, Malmö, Mittag, Mandel, Maria, Nadel, Nebel, Nacken,
2 Nacht, Mama, Natur, Maler, Netze, Mieterin, Nudel, Magazin,
3 schneller gemalt, sehr nebliger Morgen, neue Netze gekauft,
4 schon mehrere Male verschoben, aber wieder nichts gewonnen,
5 Marianne aus Massachusetts buchte bei Manfred eine Massage.

Wörter auf- und abbauen

2 Schreibe wie im Beispiel: N Nu Nud Nude Nudel Nudels Nudelsu Nudelsup Nudelsupp Nudelsuppe Nudelsupp Nudelsup Nudelsu Nudels Nudel Nude Nud Nu N

6 Nudelsuppe Nachtlager
7 Mittagspause Nackenschmerz
8 Nordpol Modemagazin
9 Mandeltorte Naturschauspiel
10 Nagelfeile Magerjoghurt

Übe täglich mindestens 15 Minuten.
Decke die Tastatur ab.
Führe ein Tagebuch über deine Fortschritte.

Rückwärtsschreiben

3 Erfasse vom Zeilenende aus – konzentriere dich gedanklich auf jeden Buchstaben. Vergleiche das Ergebnis mit deinem Nachbarn/deiner Nachbarin. Stimmen eure Abschriften überein?

11 .nefuak letnäM euen etllow lepaeN sua emaD etssuwebedom eiD
12 .tleW red netsüW ned ni hcon nebel neppurgnedamoN red eleiV
13 .gnilhürF ned fua ella hcis neuerf retniW netlak menie hcaN
14 .zlöheG mi mella rov gnurhaN erhi neffahcseb nesiemlhoK eiD
15 .sakirfA nedüS mi neteibegdlaW ned ni tnhow esiemnerhoM eiD

Blindschreiben

4 Übe jede Zeile zweimal – schreibe sie anschließend „blind" (Monitor aus/Schriftfarbe Weiß). Kontrolliere deine „blinde Zeile". Sind Wörter falsch geschrieben? Übe diese jeweils eine Zeile lang.

16 Hamed musste das Maskottchen des Maskenbildners oft suchen.
17 Mehrere Maschinenbauer aus Nürnberg machten Urlaub in Wien.
18 Die Niederlassung des Madrider Matratzenherstellers boomte.
19 Mitunter viele Magdeburger hatten Erfolg im Mittwochslotto.
20 Das Mobiliar des Mehrpersonenhaushaltes war wieder in Mode.

Schreibmarathon – 10 Zeilen

5 Übe die nächste Zeile erst, wenn du die vorherige fehlerfrei schreiben kannst. Wie viele Versuche benötigst du? Notiere mit und kontrolliere deinen Erfolg beim nächsten Üben.

21 Nadel Nebel Norden Nacht Mailand Milos Mittag Maurer Malaga
22 ihre Nähe suchen, Mitteilung senden, immer Nachricht geben,
23 moderne Mode kreieren, nach Mallorca fliegen, Möwen gucken,
24 viele Menschen reisen nach Mallorca wegen Sonne und Strand.
25 Der mehrere Meter hohe Mammutbaum wuchs im Park von Berlin.
26 Den neuen Nistkasten nutzte die emsige Elster zur Aufzucht.
27 Das Königreich Marokko grenzt im Westen an den Atlantik an.
28 Napoleon Bonaparte war ein französischer General u. Kaiser.
29 Die Narzisse wird bei uns immer als Osterglocke bezeichnet.
30 Der am dünnsten besiedelte Staat der Erde ist die Mongolei.

Mittestrich – Anwendung und Training

Anwendungsmöglichkeiten für den Mittestrich

1 Lies dir die Beispiele genau durch und besprich sie anschließend mit deinem Nachbarn/deiner Nachbarin.

2 Welche Anwendungen kennt ihr bereits aus dem Fach Deutsch – welche sind neu?

Beispiel	Bezeichnung	Schreibweise
Der Tennis-Champion spielte wieder hervorragend.	**Bindestrich**	ohne Leerzeichen
Zum 2002-01-01 wurde der Euro eingeführt.	**Datum**	
Die Zahlen der Ein- und Ausfuhr wurden aktualisiert.	**Ergänzungsstrich**	Leerzeichen abhängig vom ergänzten Wort
Eddi gewann – man höre und staune – den Wettbewerb.	**Gedankenstrich**	mit Leerzeichen
Mia kennt die Bahnstrecke Stuttgart – Paris sehr gut.	**Streckenstrich**	
Die Begegnung FC Bayern – HSV wurde verschoben.	**Zeichen für gegen**	
Die Büroräume am Tiroler Ring 19 – 21 sind vermietet.	**Zeichen für bis**	
Achtung: Ausnahme!		
Unsere Fahrt geht dieses Jahr von Dienstag bis Freitag.	**Im Satzzusammenhang mit „von/vom" muss das Wort „bis" ausgeschrieben werden.**	
weitere Anwendungen		
Dieser Artikel war so beliebt, dass er leider bereits vergriffen ist. Gerne merken wir Sie für die Neuauflage vor.	**Trennungsstrich**	manuelle Trennung: Strg + -
Bitte schreiben Sie an info_bewerbung@musterfirma.de	**Unterstrich**	Großschreibtaste

Übung zur Anwendung

3 Erfasse mit den richtigen Mittestrichen – alle Zeilen werden gleich lang.

Das Druck Ergänzungsstrich und Verlagshaus lieferte wiederum gute Erzeugnisse.
Der Termin der Begegnung Deutschland Zeichen für gegen Malta steht nicht fest.
Die Warenannahme Ergänzungsstrich und Ergänzungsstrich ausgabestelle hatte leider geschlossen.
Schreib es doch bitte Uwe Bindestrich Peter, damit er es endlich versteht.
Öffnungszeiten Jubiläumsverkauf: täglich 08:30 Uhr Zeichen für bis 16:30 Uhr
Der Jubiläumsverkauf hat von 08:30 Uhr Zeichen für bis 16:30 Uhr geöffnet.
Auf der Strecke München Streckenstrich Ingolstadt kommt es öfter zu Staus.
Leider hatte ich Gedankenstrich schon wieder Gedankenstrich deinen Geburtstag vergessen.
Käthe Kruse, geb. 1883 Datum 09 Datum 17 in Dambrau, wohnte in Donauwörth.

4 Vergleiche das Ergebnis mit deinem Nachbarn/deiner Nachbarin. Sind eure Ergebnisse einheitlich?

- ✗ *„Mittestrich" ist der Überbegriff für mehrere Anwendungsmöglichkeiten.*
- ✗ *Die Unterschiede liegen an den Leerzeichen.*
- ✗ *Wird er großgeschrieben, nennt man ihn Unterstrich.*

Wiederholung

1 Erfasse zum Einschreiben jede Zeile zweimal.

1 namenlos x-mal mehrmals spontan x-förmig unbekannt mietete,
2 schneidet x-förmig, schmeckt prima, probierte es x-mal aus,
3 Markus probierte gestern x-mal die neuen Inline-Skates aus.
4 Die Mund-zu-Mund-Beatmung lernte Helga im Erste-Hilfe-Kurs.

Anwendung Bindestrich

2 Übe jedes Wort eine Zeile lang.

5 Anna-Lena Hans-Peter
6 H-Milch O-Saft
7 Ich-Sucht Soll-Stärke
8 Make-up A-Dur

Übungssätze zum Mittestrich

3 Erfasse die Beispiele – welche Anwendungsvariante ist es?

9 In der Vor- und Nachsaison bieten wir Ihnen gute Preise an.
10 Lea-Anna geht mit Hans-Peter gerne im Heide-Park spazieren.
11 Lukas pendelt oft die Strecke Hamburg - Berlin mit dem Zug.
12 Die Partie Deutschland - Brasilien wurde ein voller Erfolg.
13 Sie schwamm - trotz dieser Warnungen - abermals im Stausee.
14 Bitte senden Sie an unsere Adresse in der Schulgasse 5 - 7.

Übungssätze

4 Erfasse mit den richtigen Leerzeichen – alle Zeilen werden gleich lang.
Stelle deine Lösung der restlichen Gruppe vor.

15 DasSpielItalien-Frankreichwirdwiederliveübertragen.
16 DerBau-undGartenmarktlocktheuteemittollenAngeboten.
17 DerKfz-ScheinisteinamtlichesDokumentjedenFahrzeuges.
18 DerMusikantspielte-trotzseinerAufregung-fehlerfrei.
19 DieneueAnschriftderFirmalautetUli-Maier-Ring21-23.
20 AufdemAbschnittMünchen-Salzburgstauteessichhäufig.

Schreibmarathon – 10 Zeilen

5 Übe die nächste Zeile erst, wenn du die vorherige fehlerfrei kannst.
Wie viele Versuche benötigst du? Notiere mit und kontrolliere deinen Erfolg beim nächsten Üben.

21 Ann-Katrin hörte während der Autofahrt ihre Lieblingsmusik.
22 Alle Druck-Erzeugnisse waren wieder sehr zufriedenstellend.
23 Mein französisch-deutsches Wörterbuch habe ich oft benutzt.
24 Die gelb-grün gestreifte Bluse stand Pia-Lea ausgezeichnet.
25 Die Information wird am Haupt- und Nebeneingang ausgehängt.
26 Am Sonnenauf- und -untergang habe ich schöne Fotos gemacht.
27 Meine Bilder habe ich unter Fotos_Urlaub_Irland hinterlegt.
28 Am Warenein- und -ausgang war morgens schon eine Menge los.
29 Bitte informieren Sie sich unter www.beispiel_musterabc.de.
30 Diese Datei ist unter Rechnung_Kargerer.docx abgespeichert.

○ 1–2 ◒ 3–4 ● 5

Griffwege zu ß und ?/Dauerumschaltung

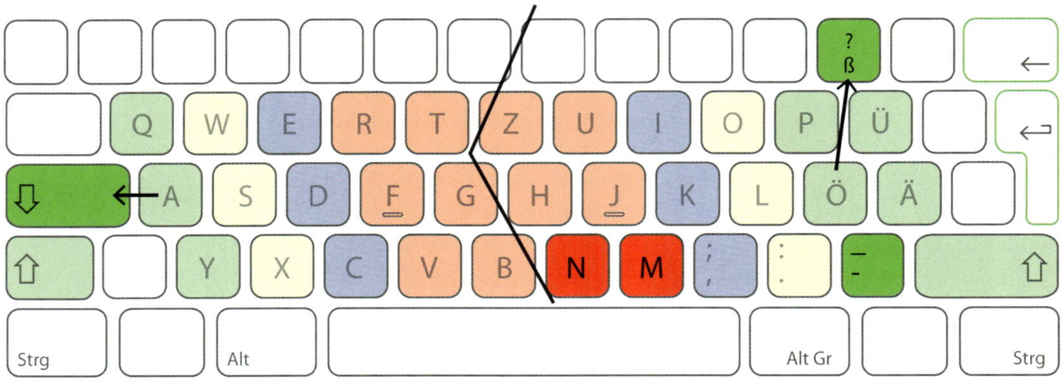

Das Öfföff steht vor dir: „Weißt du, warum ich scharfes Essen mag?“ Du hast natürlich keine Ahnung. „Pass auf, ich zeige es dir.“ Es beißt von einer scharfen Chilischote ab und beginnt heftig zu schnaufen. Bei jedem Einatmen wird das Öfföff ein Stückchen größer. Nach kurzer Zeit ist es aufgeblasen wie ein Luftballon und noch ein Stückchen größer als du. „Jetzt musst du mich nur noch mit deinem rechten kleinen grünen Finger an meinem Hals kitzeln“, fordert es dich auf. Du bewegst deinen rechten kleinen Finger nach ganz weit oben und kitzelst das Öfföff wie gewünscht. Es beginnt mit einem lachenden Ton und dann kann es plötzlich Feuer speien wie ein Drache. Dabei wird es immer kleiner und liegt am Schluss lachend vor dir am Boden. „Das macht so Spaß. Ich liebe das scharfe s, äh Essen.“

Dein rechter kleiner grüner Finger macht für das ß einen weiten Griff nach oben in die Ziffernreihe, drückt das ß und geht zurück in die Grundstellung.

Das ß gibt es auch als Großbuchstaben. Am PC kannst du es mit der Tastenkombination Shift + Alt Gr + ß einfügen. Du verwendest es, wenn du ein ganzes Wort in Großbuchstaben schreiben möchtest. Beispiel: STRAẞE.

„Ich hoffe, du hast genauso viel Freude am Tastschreiben wie ich. Ich muss mich jetzt leider von dir verabschieden. Wenn du fleißig weiter übst, schaffst du die ganzen restlichen Ziffern und ▷ Zeichen auch ohne mich. Ich muss leider vorher gehen, damit mir nicht ganz schwindelig wird.“ Zum Abschied reichst du dem Öfföff deine bunten Hände und es hüpft davon. Du schaust ihm nach, bis es hinter einer Düne verschwindet.

Die Dauerumschaltung ist hilfreich, wenn du ein Wort oder Sätze in Großbuchstaben schreiben möchtest. Um sie einzuschalten, macht dein linker kleiner Finger einen ▷ Spreizgriff nach links und drückt die Taste. Um die Funktion wieder auszuschalten, drückst du sie noch einmal. Die mittlere Kontrollleuchte über dem Ziffernblock ist zusammen mit der Dauerumschaltung eingeschaltet. Die Dauerumschaltung wird nicht für die normale Großschreibung von einzelnen Buchstaben genutzt.

Griffübungen

1 Übe die Zeilen so lange, bis du sie fehlerfrei beherrschst.

1 öpö ößö pöp ßöß jöpö jößö jpöp jßöß köpö kößö kßöß lößö lßöß

2 höpß jöpß köpß löpß, Wer? Warum? Weshalb? Wann? Was? Welche?

↓ Dauerumschaltung einschalten ↑ Dauerumschaltung ausschalten

3 ist ↓IST↑ alt ↓ALT↑ sie ↓SIE↑ wir ↓WIR↑ ich ↓ICH↑ was ↓WAS↑

Wortübungen

2 Übe jedes Wort eine Zeile lang.

4 grüßt süßen verbüßt Soße Größe Straße

- *Das ß ist der einzige Buchstabe in der Ziffernreihe.*
- *Durch Drücken der Umschalttaste kannst du mit dem gleichen Griff das ? schreiben.*
- *Das Fragezeichen folgt dem Text ohne Leerschritt.*

Die 10-Minuten-Abschriften

Du hast das richtige Tastschreiben gelernt und geübt. Dein Erfolg im Tastschreiben wird anhand von 10-Minuten-Abschriften gemessen.

Was ist eine 10-Minuten-Abschrift?

Hier wird in 10 Minuten so viel Text wie möglich abgeschrieben. Dabei wird der Inhalt im **Fließtext** erfasst, der Blick ist auf die Vorlage gerichtet. Entscheidend für deine Note ist, dass du die geforderte **Anschlagszahl** schaffst. Viele Schulen arbeiten mit Programmen, die nach 10 Minuten beenden. Für das Üben zu Hause kannst du dir z. B. einen Teewecker oder eine Stoppuhr einstellen. Varianten zum Einschreiben und ein Schnellschreibtraining findest du auf den Übungsseiten. Zur Verbesserung deiner Fehler lies auf Seite 13 nach.

Was ist ein Fließtext?

Das heißt, dass während der Abschrift **keine Zeilen- oder Absatzschaltung** betätigt wird. Wenn du die vorgegebenen Einstellungen einhältst, wird der Text durch den automatischen Zeilenumbruch aussehen wie auf deiner Vorlage.

Was ist ein Tastenanschlag?

Es zählt **jede Taste**, auch die Leertaste, als ein Anschlag. Sobald du die Umschalttaste betätigst, zählt dies als zwei Anschläge. Vom Schreibprogramm bekommst du deine Anschlagszahl ausgerechnet oder du kannst sie selbst ermitteln (siehe Beispiel). Die Gesamtanschläge geteilt durch 10 ergeben die Anschläge pro Minute. Anfänger schaffen 80–100 Anschläge/Minute. Fortgeschrittene 140–160 Anschläge, Profis sogar 300 Anschläge/Minute.

Wie ermittelt sich meine Note?

Anhand einer Formel (Fehler mal 100, geteilt durch die Gesamtanschläge) wird die **Fehlerprozentzahl** ermittelt – also das Verhältnis deiner Fehler zu den Anschlägen. Anhand dieser Zahl wird die Note festgelegt. Frage deine Lehrkraft, welche Anschlagszahl du erreichen musst und welcher Notenschlüssel für die Fehlerprozentzahl an deiner Schule gilt.

Beispiel: Ermittlung der Anschlagszahl

Du bist in der Abschrift „Sonnenstich" (Seite 49) bis zu dieser Stelle gekommen:

```
ist: Die Körpertemperatur
eines Sonnenstichpatienten
ist in der Regel nicht
erhöht. Wie be
```

Du zählst zu den Anschlägen der letzten voll erfassten Zeile (hier 983) die restlichen Anschläge dazu. In diesem Beispiel sind es 32 (Leerzeichen und Großschreibung nicht vergessen), ergibt insgesamt 1 015 Anschläge. Das sind 101 Anschläge pro Minute.

Blindschreiben

1 Übe die Beispiele 3-mal, erfasse anschließend „blind" (Bildschirm aus/Schriftfarbe Weiß). Kontrolliere deine „blinde Zeile". Sind Wörter sind falsch geschrieben? Übe diese jeweils eine Zeile lang.

```
1 Wer trägt diese Größe? Warum war er der Größte? Weshalb er?
2 Diese ERDBEEREN weisen aber eine außergewöhnliche Süße auf.
3 Für Ihre großzügige UNTERSTÜTZUNG danken wir sehr herzlich.
4 Hatte er seine STRAFE verbüßt und sich danach entschuldigt?
5 Leiden die Anwohner der Bahnhofsstraße unter der Umleitung?
```

2 Übung

a) Tippe blind auf eine Stelle in der Abschrift „Sonnenstich". Ermittle die Anschlagszahl an dieser Stelle.

b) Kontrolliert euch gegenseitig.

Übungstexte „Sommer“

1 Schreibe dich mit den Zeilen 1–15 für deine Abschrift auf der nächsten Seite ein.

Anschläge

2 Häufige Wörter im Deutschen

1 die der und in zu den uns nicht von sie ist des sich mit ja 59
2 dass er es ein ich man aber aus das durch wenn nur war noch 59
3 werden bei hat wird einen was welche sind oder zur um haben 59
4 einer mir über immer diese jetzt wurde ihr kann doch vor du 59
5 dieser dem mich ihn hatte seinen wohl dieses ihren würde da 59

3 Nomen

6 Sonnenbrand Sonnenschein Sonnenschirm Sonnenbad Sonnencreme 64
7 Baggersee Freibad Badeseen Freizeitbad Spaßbad Erholungsbad 65
8 Schwimmflügel Luftmatratze Schlauchboot Surfbrett Wakeboard 64
9 Grillen Würstchen Fleisch Spieß Salate Soßen Baguette Brote 67
10 Zeitschriften Comics Krimis Sachbuch Romane Science-Fiction 66

4 Satzteile

11 in Freibädern planschen, der Welle zusehen, ein Buch lesen, 62
12 Softeis essen, eine Luftmatratze aufblasen, Sandburg bauen, 62
13 eine Erfrischung genießen, den Strohhut aufsetzen, relaxen, 61
14 seine Bahnen schwimmen, vom Turm hüpfen, zur Insel paddeln, 62
15 mit Sonnenmilch eincremen, das Handtuch ausbreiten, sonnen, 61

5 Übung zum Schnellschreiben

Erfasse eine Zeile, stelle dann einen Wecker auf 2 Minuten. Übe die Zeile nun so oft wie möglich fehlerfrei. Notiere dein Ergebnis – du wirst feststellen, dass du mit der Zeit immer mehr Zeilen schaffst.

6 Sätze

16 Im Sommer gehen viele Menschen gerne zum Baden ins Freibad. 64
17 Junge sowie alte Leute zieht es auch hinaus an den Badesee. 62
18 Schwimmen, planschen und toben bringt allen sehr viel Spaß. 61
19 Viele trauen sich nur mit ihrer Luftmatratze in die Fluten. 62
20 Kleine Kinder bekommen zum Spielen im Wasser Schwimmflügel. 64

21 Vor dem Sonnenbad sollte sich jeder gewissenhaft eincremen. 61
22 Für empfindliche Lippen gibt es eigene Sonnen-Pflegestifte. 63
23 Ein guter Schutz vor Sonne ist ein T-Shirt sowie Sonnenhut. 65
24 Zum Schutz der Augen sollte man die Sonnenbrille aufsetzen. 63
25 An warmen Tagen soll man unbedingt genügend Wasser trinken. 62

26 Irem sorgt mit ihrer Gruppe der Wasserwacht für Sicherheit. 63
27 Sebastian dreht mit seinem blauen Kajak Runden auf dem See. 63
28 Simon und Eva freuen sich schon auf das Grillfest am Abend. 63
29 Mit einem guten Buch im Schatten genießt Sabrina die Sonne. 64
30 Julian lässt sich auf einer Schwimminsel im Wasser treiben. 62
31 Beim Schnorcheln entdeckt Christiane interessante Muscheln. 63
32 Johanna freut sich auf ein erfrischendes Softeis vom Kiosk. 62
33 Thomas wagt sich nur mit der Schwimmweste ins Schlauchboot. 62
34 Michael und Ilhan suchen besonders schöne Steine am Strand. 63
35 Thorsten baut mit seinen beiden Kindern riesige Sandburgen. 62

Abschrift „Sonnenstich“

1 Erfasse die Abschrift als Fließtext (ohne Zeilen- und Absatzschaltung), dabei bleibt der Blick auf der Vorlage.

2 Schreibe dich zuerst ein. Stelle dir dann einen Wecker auf 10 Minuten.

3 Kontrolliere anschließend deine Fehler. Übe häufige Fehler wie auf Seite 13 beschrieben.

4 Je öfter du einen Text übst, desto weiter wirst du kommen. Schreibe es dir mit.

Seitenränder: links 2,5 cm; rechts 2,5 cm. Schrift: Courier New, 12 pt Anschläge

Herrlich, die warmen Strahlen der Sonne auf der Haut zu 60
spüren. Aber Vorsicht, bitte übertreibe es nicht mit dem 119
Sonnenbad: Wer sich zu lange in der Sonne aufhält, riskiert 183
einen Sonnenstich. Was genau ist ein Sonnenstich? Menschen, 248
die zu viel Sonne auf den Kopf- und Nackenbereich bekommen 310

haben, können einen Sonnenstich erleiden. Durch die starke 371
Hitze kommt es zu einer Irritation des Gehirns und der 429
Hirnhaut. Diese löst Entzündungsreaktionen aus. Auch eine 491
Hirnschwellung kann die Folge sein. Früher dachte man, UV- 554
Strahlen wären schuld. Heute ist bekannt, dass die Temperatur 619

das Problem ist. Sonnenstich-Patienten haben oft einen roten 683
Kopf, sie klagen über Unruhe, Kopfschmerzen und manchmal auch 748
Ohrgeräusche. Einige müssen sich übergeben. 794
Bewusstseinsstörungen können auftreten. Typisch sind auch 854
Nackenschmerzen bis hin zu einer Nackensteifigkeit. Auffällig 919

ist: Die Körpertemperatur eines Sonnenstichpatienten ist in 983
der Regel nicht erhöht. Wie behandelt man einen Betroffenen? 1048
Hole den Patienten sofort aus der Sonne und kühle seinen Kopf 1114
mit feuchten, kühlen Tüchern oder einer kalten Dusche. Die 1176
Betroffenen fühlen sich oft besser, wenn ihr Oberkörper leicht 1241

erhöht liegt. Gib dem Patienten etwas zu trinken, am besten 1303
Wasser oder Apfelschorle - aber nur, wenn er bei klarem 1361
Bewusstsein ist. Schon, um einen gefährlichen Hitzschlag 1421
auszuschließen, ist ärztlicher Rat erforderlich. Bei starkem 1484
Erbrechen oder teilnahmslosen Zuständen solltest du den 1542

Sonnenstichpatienten auf jeden Fall in ein Krankenhaus bringen 1608
oder sogar den Notarzt verständigen. Quälen den Patienten 1669
starke Kopfschmerzen, hilft ein Schmerzmittel aus der Apotheke 1735
- sofern aus ärztlicher Sicht nichts dagegen spricht. Auf 1795
jeden Fall ist Bettruhe angesagt, bis die Symptome nachlassen. 1861

Wie kann man einen Sonnenstich verhindern? Halte dich nicht zu 1928
lange in der Sonne auf. Ist das unumgänglich, schütze deinen 1991
Kopf mit einem hellen Hut. Außerdem muss man immer genug 2051
trinken, vor allem in der Hitze. An warmen Tagen braucht ein 2115
Erwachsener mindestens einen halben Liter Wasser zusätzlich. 2178

○ 1 ◒ 2-4

Übungstexte „Wald“

1 Schreibe dich mit den Zeilen 1–15 für deine Abschrift auf der nächsten Seite ein.

Anschläge

2 Häufige Wörter im Deutschen

1 waren will viel mein also soll worden lassen dies machen am 59
2 ihrer weiter recht etwas keine seinem einzelnen ob dir mehr 59
3 allen kleine dann seine denn nun unter sehr selbst schon wo 59
4 seiner hier bis habe ihre ihnen alle wieder meine Zeit ganz 59
5 gegen vom muss ohne eines können sei euch sollte konnte bin 59

3 Nomen

6 Wald Hain Forst Gehölz Rodung Schonung Baumschule Nadelwald 67
7 Laubwald Mischwald Buschwald Hochwald Lichtung Besenginster 65
8 Weißtanne Fichte Lärche Eibe Waldkiefer Föhre Rottanne Efeu 67
9 Mistel Wacholder Holunder Waldrebe Heidelbeere Preiselbeere 65
10 Sauerdorn Schlehe Haselstrauch Pfaffenhütchen Waldgeißblatt 64

4 Satzteile

11 biologische Vielfalten, dient für Wissenschaft und Bildung, 62
12 Lebensraum für Tiere, produziert Sauerstoff, Lawinenschutz, 63
13 speichert und reinigt Wasser, dient auch als Erholungsraum, 61
14 schützt vor Bodenerosionen, liefert Holz, schützt vor Lärm, 62
15 reguliert unser Klima, bietet Jagdmöglichkeiten, Tourismus, 62

5 Übung zum Schnellschreiben

Erfasse eine Zeile, stelle dann einen Wecker auf 2 Minuten. Übe die Zeile nun so oft wie möglich fehlerfrei. Notiere dein Ergebnis – du wirst feststellen, dass du mit der Zeit immer mehr Zeilen schaffst.

6 Sätze

16 Für sehr viele Menschen bedeutet der Wald unberührte Natur. 63
17 Fünf Prozent sollten aber als Schutzgebiete genutzt werden. 62
18 Hier wird der Wald einer natürlichen Entwicklung übergeben. 62
19 Dort sollen Rückzugsräume für bedrohte Tierarten entstehen. 62
20 Ferner dürfen sich auch die Urwälder von morgen entwickeln. 61
21 Die Wurzelschicht gilt als Keller, hier lebt der Regenwurm. 63
22 Die Moosschicht ist das Erdgeschoss, eine Heimat für Käfer. 64
23 Der erste Stock ist die Krautschicht, dort wachsen Kräuter. 63
24 In der Strauchschicht – dem zweiten Stock – wachsen Beeren. 63
25 Das Dach wird in jedem Wald von der Kronenschicht gebildet. 63

26 In Nadelwäldern fühlen sich Haubenmeise und Kohlmeise wohl. 63
27 Der Kirschkernbeißer ist im Garten und Laubwald beheimatet. 63
28 In Gärten brüten Gartengrasmücke und Gartenrotschwänze aus. 63
29 Als Zugvögel sind Fitislaubsänger und Feldsperling bekannt. 63
30 Im Juli zwitschern Zaunkönig, Lerche und Sprosser im Lande. 65
31 Schlafmohn und Blauer Eisenhut sind heimische Giftpflanzen. 63
32 Auch der Goldregen ist giftig, besonders Wurzel und Frucht. 63
33 Das Schöllkraut zählt zu den Heilpflanzen, ist aber giftig. 62
34 Schwarzer Holunder und Schlehe sind heimische Heilpflanzen. 63
35 Die Kamille ist wohlbekannt für ihre krampflösende Wirkung. 62

Abschrift „Die Geschichte des Waldes“

1 Erfasse die Abschrift als Fließtext (ohne Zeilen- und Absatzschaltung), dabei bleibt der Blick auf der Vorlage.

2 Schreibe dich zuerst ein. Stelle dir dann einen Wecker auf 10 Minuten.

3 Kontrolliere anschließend deine Fehler. Übe häufige Fehler wie auf Seite 13 beschrieben.

4 Je öfter du einen Text übst, desto weiter wirst du kommen. Schreibe es dir mit.

Seitenränder: links 2,5 cm; rechts 2,5 cm. Schrift: Courier New, 12 pt — Anschläge

Vor rund vierhundert Millionen Jahren entwickelten sich aus 63
den Wasserpflanzen die ersten Landpflanzen. Doch erst vor rund 129
dreihundert Millionen Jahren entstanden die ersten Bäume. In 193
der Steinkohlezeit wuchsen riesige Wälder in einem günstigen 256
feuchten und tropischen Klima. Wie der Name Steinkohlezeit 319

bereits sagt, war dies die Zeit der Speicherung des freien 380
Kohlendioxids in Pflanzen, deren Umwandlungs- und Endprodukte 446
wir heute verfeuern und wieder freisetzen. Vor rund einhundert 510
Millionen Jahren entwickelten sich nach und nach die Laubbäume 574
und wurden zum vorherrschenden Wald. Dann begann sich das 633

Klima auf der nördlichen Halbkugel vor etwa einer Million 694
Jahre stark abzukühlen. Die Eiszeiten kamen. Nach dem Rückzug 761
der riesiegen Inlandvereisungen und der Zunahme der Temperatur 824
eroberte die Vegetation die Flächen wieder zurück. Allerdings 889
waren viele Pflanzenarten ausgestorben oder eine Rückwanderung 954

war durch den hohen Alpenriegel erschwert. Die Folge war eine 1019
viel artenärmere Flora als vor der Eiszeit. Seit dem 1075
Mittelalter verstärkte sich der Einfluss der Menschen auf das 1140
Ökosystem Wald. Von den mittelalterlichen Rodungen waren vor 1205
allem die fruchtbaren Laubwaldböden betroffen, sodass sich 1266

bereits damals der Nadelwaldanteil erhöhte. Holz diente bis 1328
zum Ende des vergangenen Jahrhunderts vor allem zum Heizen, 1391
Kochen und Bauen. Vor dem vierzehnten Jahrhundert kannte man 1456
im mittel- und norddeutschen Raum keinen anderen Baustoff. 1517
Auch der Schiffsbau benötigte zunehmend mehr Holz. Vom 1575

sechzehnten bis neunzehnten Jahrhundert wurden für die großen 1638
Kolonial- und Handelsflotten Holländertannen vom Schwarzwald 1703
auf dem Rhein bis nach Holland geflößt, sodass der Schiffsbau 1769
stark zum Niedergang der Wälder beigetragen hat. Große 1827
Holzmengen benötigten im Mittelalter zudem der Bergbau, die 1890

Glashütten und Salinen. Den Bauern diente der Wald als 1950
Weidegrund für das Vieh und nach Einführung der Stallhaltung 2015
wurden Blätter und Nadeln als Einstreu im Stall verwendet. 2078
Dies war einer der schädlichsten Eingriffe in den Wald und 2140
trug zur Verarmung der Wälder und ihrer Böden wesentlich bei. 2204

Ziffern und Zeichen (1)

Griffübungen

1 Lass dir die Zeilen diktieren.

a1a 1a1 fa1a f1a1 da1a d1a1 sa1a s1a1, 1. Monat, 11. Woche,
a!a !a! fa!a f!a! da!a d!a! sa!a s!a! Achtung! Huhu! Hilfe!
1 Sekunde! 11 Minuten! 1 Stunde! 11 Tage! 1 Woche! 1 Monat!

Sicherheitsübung

2 Beginne die Zeile bei einem Fehler von vorn. Wie schnell schaffst du sie fehlerfrei? Notiere mit und kontrolliere deinen Erfolg beim nächsten Üben.

Du kannst 11 Tage lang mit Nico in den Sommerurlaub fahren.
Wir werden 1-mal in der Woche nachfragen wie es dir ergeht.
Andrea hat nicht 1 Sekunde gezögert und die Spinne befreit!
1-mal im Monat besuche ich Oma für mehrere Stunden zuhause!

Rückwärtsschreiben

3 Erfasse vom Zeilenende aus. Wie lautet die Lösung? Vergleiche mit deinem Nachbarn/deiner Nachbarin.

.kcütshürF 1 .lkni ,thcaN 1 rüf remmizleppoD sad nehcub riW
.nefalhcssua egnal ehcoW orp lam-1 snetsednim ethcöm adeirF
!kcüruz redeiw hcildne riw netfrud gaT 1 dnu nehcoW 11 hcaN
!nie 1 gietsnhaB med fua rhU 1 negeg etueh tffirt guZ resnU
!nesniZ tnezorP 1 tim tiderkuaB ned nenhI riw nerhäweg nreG

Pyramidenschreiben

4 Erfasse einmal und baue anschließend als Pyramide ab.

Wir sollten mindestens 1-mal in der Stunde gut durchlüften!
Wir möchten jetzt 1-mal im Monat in das Erlebnisbad fahren!
1-mal pro Jahr sollte man sein Auto zur Inspektion bringen!

> **Die Ordnungszahl**
> Hinter einer Ordnungszahl steht ein Punkt, danach folgt ein Leerschritt.

Schreibregeln

5 Übe die Beispiele 3-mal, erfasse anschließend „blind“ (Bildschirm aus, Schriftfarbe Weiß). Kontrolliere deine „blinde Zeile“. Sind Wörter falsch geschrieben? Übe diese jeweils eine Zeile lang.

Der 1. Platz im Schnellschreiben ging dieses Jahr an Lukas!
Bitte achten Sie auf die 1. Stufe - diese ist oft rutschig!
Seine Lieferadresse ändert sich zum 1. des nächsten Monats!
Zum 1. und letzten Mal werden wir diese Unterkünfte buchen!
Sandra spielte die 1. Geige in der diesjährigen Aufführung!

Schreibmarathon – 5 Zeilen

6 Übe die nächste Zeile erst, wenn du die vorherige fehlerfrei kannst. Wie viele Versuche benötigst du? Notiere mit und kontrolliere deinen Erfolg beim nächsten Üben.

Wir werden dir sicher 1 Platz in unserer Kabine freihalten.
Bring mir bitte 1 Schorle sowie etwas Süßes vom Bäcker mit.
Den 1. Platz holte sich wieder die Teamkollegin aus Berlin!
Würden Sie uns bitte das 1. Exemplar davon zukommen lassen!
Unser Buch hat auf der Bestsellerliste den 1. Platz belegt!

- *Die 1 und das Ausrufezeichen schreibt der linke kleine Finger.*
- *Das Ausrufezeichen folgt dem Wort ohne Leerschritt.*
- *Die Akzente schreibt jeweils der kleine Finger.*

Die Akzente
Übe die Zeilen 1 bis 9 so lange, bis du sie fehlerfrei schreiben kannst.
Schreibweise: Zuerst die Akzenttaste, danach den Buchstaben oder die Leertaste drücken.
Die Akzenttasten werden auch „Tottasten" genannt, weil ein weiterer Tastendruck notwendig ist.

1 Übung Akut (rechts vom ß)

1 ö´ö ´ö´ jö´ö j´ö´ kö´ö k´ö´ lö´ö l´ö´ - Allée, René, Cafés,
2 Pappmaché - Pappmaschee, Rommé - Rommee, un café - ein Café
3 Eva und Uli lernten in Frankreich das Rommé spielen kennen!

2 Übung Gravis (rechts vom ß mit Umschalttaste)

4 ö`ö `ö` jö`ö j`ö` kö`ö k`ö` lö`ö l`ö` - Ampère, Bruyèreholz
5 Sèvresporzellan - Pfeife aus Bruyèreholz - der Monte Salève
6 Der Mont Salève im Süden der Stadt Genf ist deren Hausberg!

3 Übung Zirkumflex (links von der 1)

7 faâ fâa daâ dâa saâ sâa, Rhônedelta, croûton, Crème fraîche
8 Man kann ohne Anhalten von Deutschland an die Rhône fahren!
9 Die Saône ist bei Anglern für ihren Karpfenbestand beliebt!

Sprichwörter

4 Erfasse die französische Variante und baue als Pyramide ab.

französisch	deutsche Übersetzung
Tout vient à point à qui sait attendre.	Was lange währt, wird endlich gut.
La peur est mauvaise conseillère.	Furcht ist ein schlechter Ratgeber.
Il faut souffrir pour être belle.	Wer schön sein will, muss leiden.
On revient toujours à ses premières amours.	Alte Liebe rostet nicht.
Un ami est long à trouver et prompt à perdre.	Ein Freund ist schwer zu finden und leicht zu verlieren.
Quand le vin est tiré, il faut le boire.	Wer A sagt, muss auch B sagen.

Schreibmarathon – 5 Zeilen

5 Übe die nächste Zeile erst, wenn du die vorherige fehlerfrei kannst.
Wie viele Versuche benötigst du? Notiere mit und kontrolliere deinen Erfolg beim nächsten Üben.

10 Adèle und René wollten uns beide im April zu sich einladen.
11 Den Arc de Triomphe auf dem Champs-Élysées bestaunen viele.
12 Das Crêpe wurde mit Gemüse und viel Crème fraîche serviert!
13 Die Bocca della Verità besuchen sehr viele Urlauber in Rom!
14 Das Château Frontenac, ein Luxushotel im Herzen von Québec!

Ziffern und Zeichen (2)

Griffübungen

1 Schreibe.

1 a2a 2a2 fa2a f2a2 da2a d2a2 sa2a s2a2, 2 Akkus, 2 Speicher,
2 a″a ″a″ fa″a f″a″ da″a d″a″ sa″a s″a″, Oper ″Aida″ ansehen,

Blindschreiben

2 Übe die Beispiele 3-mal, erfasse anschließend „blind“ (Monitor aus/Schriftfarbe Weiß). Kontrolliere deine „blinde Zeile“. Sind Wörter falsch geschrieben? Übe diese jeweils eine Zeile lang.

3 Ich habe es jetzt schon zum 2. Mal erfolglos dort versucht.
4 Könnte dieses XL-Shirt bitte auch 2-farbig bedruckt werden?
5 Möchten Sie unser 2-wöchiges Seminar mit Kollegen besuchen?

Anführungszeichen
Anführungszeichen grenzen den Text ohne Leerschritte ein. Die Anführungszeichen können dabei ″oben“ oder „unten und oben“ stehen, je nach Systemeinstellung.

Sicherheitstraining

3 Übe die Zeilen so lang, bis du sie fehlerfrei beherrschst.

6 Anne holt sich mittags immer was Süßes beim Bäcker „Kraus″.
7 12 „Lithium-Batterien″, 21 „Knopfzellen″, 121 „Ladegeräte″,

Rückwärtsschreiben

4 Erfasse vom Zeilenende aus. Wie lautet die Lösung? Vergleiche mit deinem Nachbarn/deiner Nachbarin.

8 .gnugitrefsuA rehcaf-2 ni egeleB eid snu eiS nekcihcs ettiB
9 .lleutka stets tsi „neßürG nehcildnuerf tiM‟ lemrofßurG eiD
10 ?nednifnie „noidatS-rellüM‟ mi rhU 21 negeg hcis eiS nennöK

Richtig schreiben

5 Übe die nächste Zeile erst, wenn du die vorherige fehlerfrei kannst. Wie viele Versuche benötigst du? Notiere mit und kontrolliere deinen Erfolg beim nächsten Üben.

11 Jeden 2. Mittwoch im Monat ist das Museum für Sie geöffnet.
12 Dieses „Schmuckstück″ werde ich nicht länger hier behalten.
13 Lilo sagte zu Manuel: „Wer zuletzt lacht, lacht am besten!″

Schreibweise von Abkürzungen
Abkürzungspunkte folgen dem Text ohne Leerschritt, danach setzt man ein Leerzeichen. Folgt ein Schlusspunkt, fällt dieser mit der Abkürzung zusammen. Folgen mehrere Abkürzungen, so werden sie mit einem Leerzeichen geschrieben.
Abkürzungen, die wie selbstständige Wörter oder buchstäblich gesprochen werden, sind ohne Punkt und Leerzeichen zu schreiben.

6 Schreibe.

14 Bitte fragen Sie heute bei Herrn Dr. Anton Mustermann nach.
15 Der Angestellte der GmbH unterzeichnet den Brief aber i. A.

7 Überlegt, wo die jeweilige Erklärung in den Beispielen zu finden ist. Kontrolliert eure Überlegungen anschließend in der Klasse.

- ✗ *Die Ziffer 2 schreibt der linke kleine Finger.*
- ✗ *€ und @ schreibst du mit der Taste* [Alt Gr].
- ✗ *€ und @ sind sogenannte Drittbelegungstasten.*

Griffübungen

1 Schreibe.

1 €-Zeichen, €-Münzen, €-Scheine, €-Beträge, €-Überweisungen,
2 info@mustermann.de, beispiel@musterfrau.com, mail@firma.de,

Sicherheitstraining

2 Übe die Zeilen so lang, bis du sie fehlerfrei beherrschst.

3 das €-Zeichen, 121 €-Münzen, 212 €-Scheine, genau 122,11 €,
4 sehr viele €-Scheine besitzen, das €-Zeichen sofort finden,
5 infoadresse@beispiel.de, buchhaltung_intern@musterfirma.de,

Blindschreiben

3 Übe die Beispiele 3-mal, erfasse anschließend „blind“ (Bildschirm aus/Schriftfarbe Weiß). Kontrolliere deine „blinde Zeile“. Sind Wörter falsch geschrieben? Übe diese jeweils eine Zeile lang.

6 Unsere €-Münzen werden regelmäßig geprüft und ausgetauscht.
7 Wir möchten unsere €-Scheine ja gerne in Dollar umtauschen.
8 Bitte schicken Sie diese Mail an: verwaltung@musterfirma.de

> **€-Zeichen, Dezimalstellen**
> Vor und nach dem €-Zeichen schreibst du einen Leerschritt, außer bei Satzzeichen. Dezimalstellen werden mit Komma geschrieben.

Schreibregeln

4 Erfasse die Zeilen und präge dir die Schreibweisen gut ein.

9 Diese schöne Vase fand ich für 22,11 € beim Versandhändler.
10 Tante Hildegard hatte mir 20,00 € zum Geburtstag geschenkt.
11 Wurde uns der Betrag von 1.212,21 € bereits gutgeschrieben?

Schreibmarathon – 10 Zeilen

5 Übe die nächste Zeile erst, wenn du die vorherige fehlerfrei kannst. Wie viele Versuche benötigst du? Notiere mit und kontrolliere deinen Erfolg beim nächsten Üben.

12 Mindestens 1-mal im Jahr besuchen wir Onkel Gustav in Bonn.
13 Dieser Kuchen ist für meinen Geschmack viel zu süß geraten!
14 Luisa ist diese Route zum 1. Mal in ihrem Leben geklettert.
15 Die Groß- und Kleinschreibung verwechsele ich immer wieder.
16 „Beatrix rief leider außerhalb unserer Geschäftszeiten an.“
17 Können Sie uns bitte ein 2. Angebot zur Küche unterbreiten?
18 Wir haben die Retoure über 22,11 € von dem Beleg abgezogen.
19 Für die „Stadtzeitung“ werden mittlerweile 2,12 € verlangt.
20 Sie können uns aber über familie-abc@beispiel.de erreichen.
21 Alle Nachrichten an thomas@mustermail.de werden umgeleitet.

> **Drittbelegung von Tasten**
> Die Zeichen € und @ sind sogenannte „Drittbelegungen“ von Tasten.

6 Besprecht, warum diese so genannt werden und sucht gemeinsam nach weiteren Tasten, die „drittbelegt“ sind. Gleicht eure Ergebnisse in der Klasse ab.

Ziffern und Zeichen (3)

Griffübungen

1 Schreibe.

1 s3s 3s3 fs3s f3s3 ds3s d3s3 as3s a3s3, 3 Mützen, 33 Kappen,
2 s§s §s§ fs§s f§s§ ds§s d§s§ as§s a§s§, § 33 StGB, §§ 2 - 3,
3 l0l 0l0 jl0l j0l0 kl0l k0l0 öl0l ö0l0, 30 Hüte, 33 Beanies,
4 l=l =l= jl=l j=l= kl=l k=l= öl=l ö=l=, take off = abfliegen

Sicherheitsübung

2 Beginne die Zeile bei einem Fehler von vorn. Wie schnell schaffst du sie fehlerfrei? Notiere mit und kontrolliere deinen Erfolg beim nächsten Üben.

5 3 Gassen, 30 Wege, 300 Straßen, 3 Gemeinden, 30 Großstädte,
6 § 3 EStG, § 30 JÖSchG, §§ 3 - 313 BGB, die §§ 10 - 30 StVO,
7 white = weiß, green = grün, yellow = gelb, black = schwarz,
8 bread = Brot, pasta = Nudeln, ham = Schinken, milk = Milch,

Blindschreiben

3 Erfasse die Zeile zweimal, übe anschließend „blind" (Bildschirm aus/Schriftfarbe Weiß). Kontrolliere deine „blinde Zeile". Sind Wörter falsch geschrieben? Übe diese jeweils eine Zeile lang.

9 Dürfen wir Sie in 3 Tagen nochmals um Auskunft dazu bitten?
10 Diese Firma hat uns als Zahlungsziel 30 Tage netto genannt.
11 zero = null, two = zwei, three = drei, fourteen = vierzehn,

Pyramidenschreiben

4 Erfasse einmal und baue anschließend als Pyramide ab.

12 Bekommen wir bei einer Abnahme von 300 Stück diesen Rabatt?
13 Könnten Sie uns die Artikel innerhalb von 30 Tagen liefern?
14 Das Nilpferd = hippopotamus lebt in Gewässernähe in Afrika.
15 Der Rüssel des Elefanten = elephant fasst bis zu 10 Litern.

Das Paragrafenzeichen, das Ist-Gleich
Vor und nach den Zeichen schreibst du einen Leerschritt.
Der Paragraf darf nur mit Ziffern verwendet werden, Doppelparagrafen werden zusammengeschrieben.

Schreibregeln

5 Erfasse die Zeilen und präge dir die Schreibweisen gut ein.

16 Mehrere Paragrafen dieses Gesetzes sind noch zu verbessern.
17 Sie könnten dies in § 31 unserer AGB ausführlich nachlesen.
18 Die §§ 1 - 3 der Satzung müssen gerichtlich geprüft werden.
19 cow = Kuh, horse = Pferd, goat = Ziege, rabbit = Kaninchen,
20 30 - 20 = 10; 20 - 10 = 10; 330 - 220 = 110; 320 - 300 = 20

Übung

6 Erfasse die Zeilen mit den richtigen Leerschritten – alle Zeilen werden gleich lang. Vergleiche das Ergebnis mit deinem Nachbarn/deiner Nachbarin. Stimmen eure Abschriften überein?

21 EinigederParagrafendesBGBbefassensichmitStiftungen.
22 Der§12JÖSchGbefasstsichu.a.mitBußgeldundStrafen.
23 Die§§30-32unsererSatzungmüsstenüberarbeitetwerden.
24 young=jung,old=alt,fresh=frisch,renewed=erneuert

- *Die Ziffer 3 wird mit dem linken Ringfinger geschrieben.*
- *Die Ziffer 0 wird mit dem rechten Ringfinger geschrieben.*
- *Dies gilt für die Zeichen § und = entsprechend mit der Umschalttaste.*

Wiederholung, Einschreiben

1 Erfasse die Zeilen jeweils zweimal.

1 30 Kaffeetassen 30 Schüsseln, 3 Messer, 3 Gabeln, 3 Löffel,
2 Der Eisvogel = kingfisher besiedelt weite Teile von Europa.
3 Der § 23 dieser Vorschrift ist zur Zeit nicht mehr aktuell.

Große Zahlen, Geldbeträge, Uhrzeit

Zahlen mit mehr als drei Stellen werden durch ein Leerzeichen gegliedert.
Bei Geldbeträgen wird zur Sicherheit ein Punkt verwendet.
Die Uhrzeit wird mit einem Doppelpunkt und zweistellig gegliedert;
Ausnahme: ungefähre Angaben.

Beispielsätze

2 Erfasse die Zeilen und präge dir die Schreibweisen gut ein.

4 Unsere Kreisstadt zählte zuletzt in etwa 300 000 Einwohner.
5 Ihre Verrechnung über 30.120,21 € erscheint uns fehlerhaft!
6 Der Nachtzug aus Berlin sollte exakt um 00:31 Uhr ankommen.
7 Wir erwarten Sie also gegen 13 Uhr in diesem Konferenzraum.

Übung

3 Erfasse die Zeilen mit den richtigen Leerschritten.
Vergleiche das Ergebnis mit deinem Nachbarn/deiner Nachbarin. Stimmen eure Abschriften überein?

8 KönnenwirbeidiesemKonzertmit32000Besuchernrechnen?
9 IhreMahnungüber3.200,00€wurdeschongesternbeglichen!
10 Holstdumichbitteum13:20UhramOstbahnhof,Gleis3ab?
11 DerLieferanthatangekündigt,gegen10UhrvorOrtzusein.
12 Der§3StGBlegtfest,dassdasGesetznurimInlandgilt.

Schreibmarathon – 5 Zeilen

4 Übe die nächste Zeile erst, wenn du die vorherige fehlerfrei kannst.
Wie viele Versuche benötigst du? Notiere mit und kontrolliere deinen Erfolg beim nächsten Üben.

13 Wir haben in diesem Jahr 33 200 Stück erfolgreich verkauft.
14 In § 3 AGB wird eine Lieferpauschale von 10,00 € angegeben.
15 Bitte korrigieren Sie die §§ 10 - 30 unserer Satzung genau.
16 Tini und ich treffen uns morgen gegen 11 Uhr zum Frühstück.
17 Uli war von 10:00 bis 10:30 Uhr mit ihrer Mutter beim Arzt.

Hoch- und Tiefstellen von Zahlen und Text

Auf der Taste der Ziffer 3 findest du über die Drittbelegung die hochgestellte 3 für z. B. m^3. Aber auch andere Ziffern/Texte kannst du hoch- oder tiefstellen. In den meisten Programmen geht dies im Menü Schriftart oder über die Tastenkombinationen Strg + # zum Tiefstellen und Strg + + zum Hochstellen.

5 Erfasse die Beispielsätze. Teste die Möglichkeit auch an den vorherigen Zeilen.

18 Wer 10 x 10 x 10 x 10 multipliziert erhält die Potenz 10^4.
19 Eine Schwefelsäure wird als Summenformel H_2SO_4 dargestellt.

Ziffern und Zeichen (4)

Griffübungen

1 Schreibe.

```
d4d 4d4 fd4d f4d4 sd4d s4d4 ad4d a4d4, 4 Sänger, 4 Konzerte
d$d $d$ fd$d f$d$ sd$d s$d$ ad$d a$d$, 4.000 $ Urlaubskasse
k9k 9k9 jk9k j9k9 lk9k l9k9 ök9k ö9k9, 9 Chöre, 49 Solisten
k)k )k) jk)k j)k) lk)k l)k) ök)k ö)k), a) Äpfel, b) Birnen,
```

Sicherheitsübung

2 Beginne die Zeile bei einem Fehler von vorn. Wie schnell schaffst du sie fehlerfrei? Notiere mit und kontrolliere deinen Erfolg beim nächsten Üben.

```
4 Wecker, 49 Kuckucksuhren, 94 Stoppuhren, 99 Taschenuhren,
4,90 $ Eintritt, 94,00 $ Flughafensteuer, 9,40 $ Souvenirs,
a) Fußball, b) Topfschlagen, c) Staffellauf, d) Sackhüpfen,
Sie können a) 109,00 $ bar zahlen oder b) 100 € überweisen.
```

Blindschreiben

3 Erfasse die Zeile zweimal, übe anschließend „blind“ (Bildschirm aus/Schriftfarbe Weiß). Kontrolliere deine „blinde Zeile“. Sind Wörter falsch geschrieben? Übe diese jeweils eine Zeile lang.

```
Ich melde mich nach meinem Urlaub - in 14 Tagen - bei Ihnen.
Ist es möglich, diese Pauschalreise um 9 Tage zu verlängern?
Liefern Sie dieses Angebot auch noch in 9 Wochen frei Haus?
```

Pyramidenschreiben

4 Erfasse einmal und baue anschließend als Pyramide ab.

```
Bekommen wir bei einer Abnahme von 400 Stück diesen Rabatt?
Können Sie mir die 4 Artikel bitte bis Freitag zurücklegen?
Auf unsere 9 Mitarbeiterinnen sind wir immer äußerst stolz.
```

Dollarzeichen, Nachklammer

Vor und nach dem Dollarzeichen steht ein Leerschritt, außer bei Satzzeichen.
Das Dollarzeichen darf nur in Verbindung mit Ziffern verwendet werden, ansonsten ist es als Wort auszuschreiben.
Die Nachklammer folgt dem Wort ohne Leerschritt.

Schreibregeln

5 Erfasse die Zeilen und präge dir die Schreibweisen gut ein.

```
Der Eintritt in die Disneyworld kostet schon über 100,00 $.
Ich möchte bereits am Flughafen für 140,00 $ Geld tauschen.
Ist es Ihnen möglich die Rechnung mit Dollar zu begleichen?
a) 49,00 $ Eintritt Kind; b) 100,00 $ Eintritt Erwachsener;
```

Übung

6 Erfasse die Zeilen mit den richtigen Leerschritten – alle Zeilen werden gleich lang. Vergleiche das Ergebnis mit deinem Nachbarn/deiner Nachbarin. Stimmen eure Abschriften überein?

```
Kostendiese14Armbänderumgerechnetwirklichnur14,49$?
Istesmöglich,dieRechnungdesHotelsinDollarzuzahlen?
FürdasFrühstückwurdenbereits14,00$imVorausbezahlt.
Ichwerdea)denDirektflugbuchenundb)einTaxianrufen.
```

- Die Taste 4 wird mit dem linken Mittelfinger geschrieben.
- Die Taste 9 wird mit dem rechten Mittelfinger geschrieben.
- Dies gilt für die Zeichen entsprechend mit der Umschalttaste.

Wiederholung, Einschreiben

1 Erfasse die Zeilen jeweils zweimal.

```
1 14 Tischkalender, 49 Geburtstagskalender, 194 Wandkalender,
2 Die 149 Schülerinnen und Schüler genießen den Ausflug sehr.
3 Für nur 49,94 $ liefern wir Ihnen die Ware in dieser Woche.
4 Sie können ja a) die Rückzahlung wählen oder b) umtauschen.
5 Wenn Sie in Dollar überweisen, erlassen wir die Verpackung.
```

Postfach, Telefonnummer, Apostroph

Postfachnummern werden von rechts beginnend mit Leerzeichen in Zweierschritten gegliedert.
Telefonnummer und Vorwahl werden durch einen Leerschritt, die Durchwahl mit Bindestrich gegliedert.
Der Apostroph steht für ausgelassene Buchstaben oder dient als halbes Anführungszeichen. **Achtung:** Die Taste für den Apostroph findet sich rechts vom Ä.

Beispielsätze

2 Erfasse die Zeilen und präge dir die Schreibweisen gut ein.

```
6 Bitte adressieren Sie ab sofort an unser Postfach 49 30 11.
7 Die Postfachnummer 4 94 49 gilt für Zuschriften aus der EU.
8 Sie erreichen mich jederzeit unter der Nummer 0123 994-312.
9 Er meinte: „Das Model ‚ANNABEL' kommt wieder Anfang April."
10 Marina jammert: „Ach, hätt ich's doch vorher bloß gewusst!"
```

Übung

3 Erfasse die Zeilen mit den richtigen Leerschritten.
Vergleiche das Ergebnis mit deinem Nachbarn/deiner Nachbarin. Stimmen eure Abschriften überein?

```
11 AndreasteilteunsvorgesternseinneuesPostfach943mit.
12 DieVerwaltungbatuns,dasPostfach332490zuverwenden.
13 IhreTelefonnummer01234999000scheintfehlerhaftzusein.
14 FriederikesGeschäftsnummerlautetabmorgen01234123-123.
15 Sieschrieb:„DieMütze,Chiara'istkomplettausverkauft."
```

Schreibmarathon – 10 Zeilen

4 Übe die nächste Zeile erst, wenn du die vorherige fehlerfrei kannst.
Wie viele Versuche benötigst du? Notiere mit und kontrolliere deinen Erfolg beim nächsten Üben.

```
16 Waren für diesen Termin wirklich nur 4 Personen angemeldet?
17 Könnte es möglich sein, dass sich 49 Mitarbeiter verspäten?
18 Viele kamen a) zu spät und wussten b) nicht genau Bescheid.
19 Er müsste es a) bei der Polizei melden b) der Versicherung.
20 Unsere neue Postfachnummer 9 43 21 ist nicht allen bekannt.
21 Die Postfachnummer 14 94 49 ist leider nicht mehr gemeldet.
22 Bitte schicken Sie dieses Fax an die Nummer 01234 9304-129.
23 Ihre neue Telefonnummer 01234 941-132 wurde freigeschaltet.
24 Es stand geschrieben: „Das Hoch ‚Edeltraud' hält lange an."
25 Susanne sagte: „'s wären besonders herrliche Tage gewesen."
```

Ziffern und Zeichen (5)

Griffübungen

1 Schreibe.

```
f5f 5f5 af5f a5f5 sf5f s5f5 df5f d5f5, 15. Woche, 5. Monat,
f%f %f% af%f a%f% sf%f s%f% df%f d%f%, 5 % Skonto, 50%iger,
j8j 8j8 öj8j ö8j8 lj8j l8j8 kj8j k8j8, 8-maliger, 8-facher,
j(j (j( öj(j ö(j( lj(j l(j( kj(j k(j(, in Frankfurt (Main),
```

Sicherheitsübung

2 Beginne die Zeile bei einem Fehler von vorn. Wie schnell schaffst du sie fehlerfrei? Notiere mit und kontrolliere deinen Erfolg beim nächsten Üben.

```
5 Ölbilder, 15 Aquarelle, 25 Tuschezeichnungen, 50 Skizzen,
8 Holzstifte, 18 Buntstifte, 80 Leuchtmarker, 8 Filzstifte,
5 % Rabatt; 2,5 % Skonto; 8,5 % Nachzahlung; 20 % Gebühren;
Ulm (Donau), Dresden (Elbe), Koblenz (Rhein), Passau (Inn),
```

Rückwärtsschreiben

3 Erfasse vom Zeilenende aus. Wie lautet die Lösung? Vergleiche das Ergebnis mit deinem Nachbarn/deiner Nachbarin. Stimmen eure Abschriften überein?

```
?tnalpeg gnulletssuA artxe enie redliB 58 eid rüf nned driW
?nehciernie thceregtsirf reba nezzikS 51 eid rim eiS nennöK
.emuäR eseid snu etetlatseg )uanoD( negnilliD sua relaM reD
.nehielrev )redO( trufknarF hcan gnulletssuA eid nedrew riW
```

Pyramidenschreiben

4 Erfasse einmal und baue anschließend als Pyramide ab.

```
Der Küchenchef benötigt noch 15 kg Kartoffeln bis Dienstag.
Für die Torten werden wir exakt 8 Dutzend Eier verbrauchen.
Reservieren Sie bitte 5 Flaschen Wasser (medium) pro Tisch.
```

> **Prozentzeichen, Vorklammer**
> Vor und nach dem Prozentzeichen setzt du einen Leerschritt, außer bei Satzzeichen.
> Das Prozentzeichen darf nur mit Ziffern verwendet werden, in Wörtern entfällt der Leerschritt.
> Die Vorklammer grenzt ohne Leerschritt an das Wort.

Schreibregeln

5 Erfasse die Zeilen und präge dir die Schreibweisen gut ein.

```
Bei dieser Bestellmenge können 5 % Rabatt abgezogen werden.
Reimund war sich 100%ig sicher, richtig gerechnet zu haben.
Für diese Hilfe (am Unfallort) bekamen alle ein großes Lob.
```

Übung

6 Erfasse die Zeilen mit den richtigen Leerschritten – alle Zeilen werden gleich lang. Vergleiche das Ergebnis mit deinem Nachbarn/deiner Nachbarin. Stimmen eure Abschriften überein?

```
BeiZahlunginnerhalb14Tagengewährenwir2,25%Skonto.
Mit95%igerWahrscheinlichkeitwirdEddipünktlichdasein.
BeidergeringenAnzahlkönnenwirkeineProzenteanbieten.
UnsereMaschinestartetevomFlughafeninFrankfurt(Main).
```

- ✗ *Die Ziffer 5 wird mit dem linken Zeigefinger geschrieben.*
- ✗ *Die Ziffer 8 wird mit dem rechten Zeigefinger geschrieben.*
- ✗ *Dies gilt für die Zeichen entsprechend mit der Umschalttaste.*

Wiederholung, Einschreiben

1 Erfasse die Zeilen jeweils zweimal.

1 5 Teetassen, 8 Kaffeebecher, 5 Gläser, 8 Krüge, 5 Karaffen,
2 5 % Nachzahlung, 8 % Abschlag, 5 % Abzüge, 8 % Zuzahlungen,
3 Uli hatte eine 50%ige Chance die richtige Lösung zu nennen.
4 Meine Tante Anna (aus Duisburg) kommt mich morgen besuchen.

Das Datum

Das Datum kann numerisch (in Ziffern) oder alphanumerisch (Ziffern/Buchstaben) angegeben werden. Die Jahresangaben werden vierstellig angegeben.
Bei der alphanumerischen Schreibweise entfällt bei einstelligen Tagen die Null.

Beispielsätze

2 Erfasse die Zeilen und präge dir die Schreibweisen gut ein.

5 Zum 1. Mai feiern wir jedes Jahr wieder den Tag der Arbeit.
6 Die Lieferung könnte schon bis zum 05.08. bei dir ankommen.
7 Der Euro wurde zum 1. Januar 2002 in 12 Ländern eingeführt.
8 Kolumbus kam am 12.10.1492 auf die Bahamas-Insel Guanahani.
9 Luther gelobte lt. Legende am 2. Juli 1505 Mönch zu werden.

Übung

3 Erfasse die Zeilen mit den richtigen Leerschritten.
Vergleiche das Ergebnis mit deinem Nachbarn/deiner Nachbarin. Stimmen eure Abschriften überein?

10 DerMauerfallam09.11.1989gingindieWeltgeschichteein.
11 Zum3.OktoberfeiernwirjährlichdenTagderdt.Einheit.
12 AltbundeskanzlerHelmutKohlwurdeam03.04.1930geboren.
13 ThomasMann(Schriftsteller)starbam12.08.1955inZürich.
14 Am3.Juli1950wurdedasBistroinBerlinwiedereröffnet.

Schreibmarathon – 10 Zeilen

4 Übe die nächste Zeile erst, wenn du die vorherige fehlerfrei kannst.
Wie viele Versuche benötigst du? Notiere mit und kontrolliere deinen Erfolg beim nächsten Üben.

15 Ab kommenden Monat lautet die neue Postfachnummer 85 94 32.
16 Frau Tannert erreichen Sie unter der Rufnummer 01234 123-0.
17 Die Postleitzahl für den Viktualienmarkt lautet aber 80331.
18 Der Betrag von 8.595,94 € wurde bereits gestern angewiesen.
19 Die Besucherzahl von 15 900 übertraf alle Erwartungen weit.
20 Haben Sie hier Skonto in Höhe von 2,50 % in Abzug gebracht?
21 Es gab keine 50%ige Chance, dass sich der Stau bald auflöst.
22 Sind Sie sicher die Ware am 03.09. d. J. versandt zu haben?
23 Wir können die Lieferung (datiert vom 1. Mai) nicht finden.
24 Am 08.12.1980 wurde John Lennon (Beatles) in NY erschossen.

Ziffern und Zeichen (6)

Griffübungen

1 Schreibe.

```
1 f6f 6f6 af6f a6f6 sf6f s6f6 df6f d6f6, 6 Bäume, 66 Blätter,
2 f&f &f& af&f a&f& sf&f s&f& df&f d&f&, Mair & Ohnesorg GmbH
3 j7j 7j7 öj7j ö7j7 lj7j l7j7 kj7j k7j7, 7 Blumen, 77 Blüten,
4 j/j /j/ öj/j ö/j/ lj/j l/j/ kj/j k/j/, die Kilometer/Stunde
```

Sicherheitsübung

2 Beginne die Zeile bei einem Fehler von vorn. Wie schnell schaffst du sie fehlerfrei? Notiere mit und kontrolliere deinen Erfolg beim nächsten Üben.

```
5 6 Tulpen, 7 Rosen, 76 Orchideen, 67 Narzissen, 66 Veilchen,
6 Gruber & Helmschrott, Pohlmann & Finke, Kuechler & Feixner,
7 Kreuz Fürth/Erlangen, Dreieck Bottrop/Gladbeck, Berlin/Ost,
8 Die Firma Heiseler & Söhne GmbH lieferte innerhalb 7 Tagen.
```

Rückwärtsschreiben

3 Erfasse vom Zeilenende aus. Wie lautet die Lösung?
Vergleiche das Ergebnis mit deinem Nachbarn/deiner Nachbarin. Stimmen eure Abschriften überein?

```
9 ?neteibna netnairaV 6 ni visulkxe lekitrA neseid eiS nedreW
10 .nehcub ethcäN 6 rüf run enreg remmizleppoD sad nethcöm riW
11 ?netlahrethcerfua nehcoW 71 rebü tätilauQ eseid eiS netnnöK
12 .ethcöm nemhen kcütS 7 hcilkriw eis bo ,rehcisnu tsi lebasI
```

Pyramidenschreiben

4 Erfasse einmal und baue anschließend als Pyramide ab.

```
13 Für die Weitwanderung sollten Sie 6 Tagesetappen einplanen.
14 Wir hatten im Urlaub dieses Jahr 7 Tage super Sonnenschein.
15 Der Winter hatte Europa dieses Jahr 6 Wochen lang im Griff.
16 Die Abschlussklasse durfte 7 Tage lang nach Hamburg reisen.
```

> **Firmen-und, Schrägstrich, Promillezeichen**
> Das „Firmen-und" (= &) darf nur in Firmenbezeichnungen verwendet werden. Davor und danach setzt du ein Leerzeichen.
> Vor und nach dem Schrägstrich stehen keine Leerschritte. In Verbindung mit dem kleinen „o" ergibt sich das Promillezeichen.

Schreibregeln

5 Erfasse die Zeilen und präge dir die Schreibweisen gut ein.

```
17 Unsere Büromöbel beziehen wir bei Schulthes & Partner GmbH.
18 Auf unseren Landstraßen gilt eine Tempogrenze von 100 km/h.
19 Am sichersten ist es mit 0,00 o/oo Promille Auto zu fahren.
```

Übung

6 Erfasse die Zeilen mit den richtigen Leerschritten – alle Zeilen werden gleich lang.
Vergleiche das Ergebnis mit deinem Nachbarn/deiner Nachbarin. Stimmen eure Abschriften überein?

```
20 DieRechnungenanKluge&Hoferwurdenimmerzügigbezahlt.
21 IndemneuenWohngebietsollenallemaximal30km/hfahren.
22 DerAlkoholtestergabeinenWertvonnur0,1o/ooPromille.
```

- ✗ *Die Ziffer 6 wird mit dem linken Zeigefinger geschrieben.*
- ✗ *Die Ziffer 7 wird mit dem rechten Zeigefinger geschrieben.*
- ✗ *Dies gilt für die Zeichen entsprechend mit der Umschalttaste.*

Wiederholung, Einschreiben

1 Erfasse die Zeilen jeweils zweimal.

7 Sekunden, 6 Stunden, 7 Tage, 6 Wochen, 7 Monate, 6 Jahre,
Bei Großmann & Reimsauer KG haben wir 67 Paletten bestellt.
Diese Kanne war mit einem 1/2 Liter Traubenschorle gefüllt.
Wegen einer Baustelle war das Tempo auf 80 km/h beschränkt.
Auch bei 0,3 o/oo kann dieser Führerschein entzogen werden.

Die Sonderzeichen # + * °

Die Raute kann als Nummernzeichen verwendet werden.
* und + stehen auch für geboren und gestorben.
Das Gradzeichen ist als Temperaturangabe mit C als Celsius fest verbunden.

Beispielsätze

2 Erfasse die Zeilen und präge dir die Schreibweisen gut ein.

Katrin hat bei der Abschlussprüfung den Zettel # 7 gezogen.
Ihre Bestellung # 32 867 konnte hier nicht verbucht werden.
Christoph Kolumbus, * 1451, + 1506, entdeckte 1492 Amerika.
Tiefsttemperaturen von -41 °C wurden in Wolgograd gemessen.
Sao Paulo (Brasilien) liegt 22° S (= 22° südlicher Breite).

Übung

3 Erfasse die Zeilen mit den richtigen Leerschritten.
Vergleiche das Ergebnis mit deinem Nachbarn/deiner Nachbarin. Stimmen eure Abschriften überein?

DasLosmitder#13gewanninderTombolادenHauptgewinn.
HenryFord,+am7.April1947,wareinAutopionierderUSA.
LeonardodaVinci,*15.04.1452,warauchberühmterAnatom.
HeuteerwartenwirSpitzenwertevonbiszu36°CinBrixen.
DerMarienplatzinMünchenliegtauf48°nördlicherBreite.

Schreibmarathon – 10 Zeilen

4 Übe die nächste Zeile erst, wenn du die vorherige fehlerfrei kannst.
Wie viele Versuche benötigst du? Notiere mit und kontrolliere deinen Erfolg beim nächsten Üben.

Wir bitten Sie um Zahlungseingang bis zum 8. dieses Monats.
Dieser Zirkus wird in Weil (am Rhein) seine Zelte aufbauen.
Die Variante „Nordumfahrung der Schule" kam dort besser an.
Der Pausengong dieser Schule klingelt täglich um 09:00 Uhr.
Ich konnte die Rückerstattung von 179,50 € heute verbuchen.
Für diesen Einkauf können wir Holzhausener & Co. empfehlen.
Nicht jeder hält sich an das Tempolimit von 50 km/h im Ort.
Der Platz mit der # 76 blieb am Abend leider oft unbesetzt.
Mark Twain, * 30.11.1835, + 21.04.1910, schrieb Tom Sawyer.
Können Sie die Temperatur über 21 °C von abends bestätigen?

Der Ziffernblock

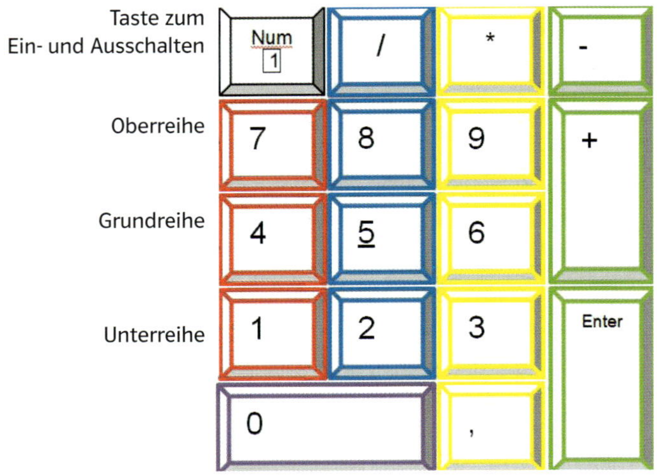

Der Ziffernblock
Der Ziffernblock wird mit der rechten Hand bedient. Auch hier gibt es eine Grundstellung. Der Mittelfinger befindet sich auf der Fünf, der Zeigefinger auf der Vier und der Ringfinger auf der Sechs. Der Daumen bedient die Null; der kleine Finger die Eingabetaste. Orientiere dich auch am Farbschema, das du vom Tastenblock kennst.

1 Schreibe.

a) Grundreihe
555444666545565464¶
456654456654456654¶
454545656565465546¶

b) Zeigefinger
444111777414474741¶
147741147741417714¶
414141474747714174¶

c) Mittelfinger
555222888525585852¶
258852258852528825¶
52/25/58/85/82/825¶

d) Ringfinger
666333999636696963¶
369963369963639936¶
63*36,69*96,63*639¶

e) gesamter Ziffernblock
0123456789¶
9876543210¶
0147258369¶
12/4*3+5,5¶
7+9-1*80,4¶
9/3*5-10,8¶

2 Übungen nur mit Ziffern:

a) Diktiert euch der Reihe nach Ziffernfolgen (ohne Leerschritte, Punkte u.Ä.), wie zum Beispiel:
- eure Telefonnummern,
- eure Geburtstage,
- eure Postleitzahlen.

Wer seine Daten nicht preisgeben möchte, kann Zahlendreher einbauen oder etwas erfinden.

b) Fallen euch noch mehr Möglichkeiten ein?

3 Übungen mit Sonderzeichen:
Jeder überlegt sich zwei Zahlen. Diktiert euch der Reihe nach kleine Rechenaufgaben:
- eure Zahlen mit *Plus*,
- eure Zahlen mit *Minus*,
- eure Zahlen mit *Mal* (Sternchen),
- eure Zahlen mit *Geteilt* (Schrägstrich).

4 Übungsvariante Kopfrechnen
Ergebnisse aus Aufgabe 3 nach Betätigung der Eingabetaste in die nächste Zeile schreiben, da das Ist-Gleich (=) nur in der Ziffernreihe des Tastenblocks zu finden ist.

- Der Ziffernblock ist für die Zahleneingabe aktiv, wenn die 1. Kontrolllampe leuchtet.
- Er eignet sich für die Eingabe von großen Zahlenmengen und wird **nicht** innerhalb eines Satzes benutzt.
- Spüre über die Erhebung bei der Taste 5, ob du in der Grundstellung bist.

Wiederholung zum Ziffernschreiben

1 Erfasse zum Einschreiben jede Zeile zweimal.

1 1 Scanner, 1 Rechner, 1 Tastatur, 1 Bildschirm, 10 Drucker,
2 2 Bäume, 2 Birken, 2 Tannen, 2 Fichten, 2 Buchen, 2 Eichen,
3 3 Berge, 3 Täler, 3 Weiher, 30 Touren, 3 Hütten, 30 Gipfel,
4 4 Häuser, 4 Dörfer, 4 Städte, 4 Weiler, 4 Höfe, 40 Bezirke,
5 5 Autos, 5 Roller, 50 Busse, 5 Motorräder, 5 Straßenbahnen,

6 6 Bilder, 60 Ölgemälde, 60 Tuschezeichnungen, 60 Aquarelle,
7 70 Stifte, 70 Kugelschreiber, 70 Bleistifte, 70 Buntstifte,
8 8 Kinder, 80 Jugendliche, 8 Erwachsene, 8 Frauen, 8 Männer,
9 9 Mineralwasser, 90 Kaffee, 9 Mixgetränke, 90 Apfelschorle,
10 123 Klassenzimmer, 456 Tische und Bänke, 7890 Schülerinnen,

Blindschreiben

2 Übe jede Zeile zweimal – schreibe sie anschließend „blind“ (Monitor aus/Schriftfarbe Weiß). Kontrolliere deine „blinde Zeile“. Sind Wörter falsch geschrieben? Übe diese jeweils eine Zeile lang.

11 Susanna spielte mit ihren 12 Freundinnen 3 Stunden zuhause.
12 Georg war mit seinem Vater schon 14-mal beim Bogenschießen.
13 Lena konnte schon mit 5 Jahren super schwimmen und tauchen.
14 Paul und Tina fuhren mit ihren Eltern gestern die Route 66.

15 Die 7 Wochentage konnte sich Uwe schon mit 4 Jahren merken.
16 Etwa alle 8 Wochen besucht uns Tante Anneliese zum Spielen.
17 Vergangenen Freitag habe ich mehr als 9 Stunden geschlafen.
18 Alexander konnte sich beim Marathonlauf 0 Minuten ausruhen.

Rückwärtsschreiben

3 Erfasse vom Zeilenende aus – konzentriere dich gedanklich auf jeden Buchstaben. Vergleiche das Ergebnis mit deinem Nachbarn/deiner Nachbarin. Stimmen eure Abschriften überein?

19 .nethcaboeb netrA enedeihcsrev 05 eiS nennök kraP meseid nI
20 .netlahre suaH seuen nie netanoM 21 rov nebah netnafelE eiD
21 .neznalfP 76 tim netraG nehcsinatob ned hcrud eiS nereizapS
22 .soozlehciertS nehcildeihcsretnu 8 ni ereiT eid eiS nebelrE
23 .stnaruatseR redo nettätstsaG 9 nov renie ni eiS nennapstnE

Pyramiden aufbauen

4 Baue die Pyramide Wort für Wort auf.

24 Wer hat 1 von den 2 Teams in den letzten 3 Stunden erspäht?
25 Wir haben schon 5 Stunden mit 6 Helfern in 4 Parks gesucht.

Schreibmarathon – 5 Zeilen

5 Übe die nächste Zeile erst, wenn du die vorherige fehlerfrei kannst. Wie viele Versuche benötigst du? Notiere mit und kontrolliere deinen Erfolg beim nächsten Üben.

26 Können Sie die Papiere für Gerda bitte 2-seitig ausdrucken?
27 Wir empfehlen, die 8-fache Bereifung schon mit zu bestellen.
28 Diese Unterlagen sind im Büro in 4-facher Anzahl abzugeben.
29 Die Broschüre umfasst 135 Seiten in verständlicher Sprache.
30 Gehen Sie täglich mindestens 9000 bequeme Schritte zu Fuß.

Abschrift „Inklusion“

1 Erfasse die Abschrift als Fließtext, dabei bleibt der Blick auf der Vorlage.

2 Schreibe dich zuerst ein. Stelle dir dann einen Wecker auf 10 Minuten.

3 Kontrolliere anschließend deine Fehler. Übe häufige Fehler wie auf Seite 13 beschrieben.

4 Je öfter du einen Text übst, desto weiter wirst du kommen. Schreibe es dir mit.

Seitenränder: links 2,5 cm; rechts 2,5 cm. Schrift: Courier New, 12 pt — Anschläge

Jeder Mensch hat ein Recht auf „Inklusion“, also darauf, ein 67
gleichberechtigter Teil der Gesellschaft zu sein. Inklusion 130
bedeutet, dass kein Mensch ausgeschlossen, ausgegrenzt oder an 194
den Rand gedrängt werden darf. Als Menschenrecht ist Inklusion 261
unmittelbar verknüpft mit den Ansprüchen auf Freiheit, 318

Gleichheit und Solidarität. Damit ist Inklusion sowohl ein 381
eigenständiges Recht, als auch ein wichtiges Prinzip, ohne 442
dessen Anwendung die Durchsetzung der Menschenrechte 498
unvollständig bleibt. Wie alle anderen Menschenrechte fußt das 563
Recht auf Inklusion auf der universellen Menschenwürde: Weil 629

alle Menschen mit der gleichen und unveräußerlichen Würde 689
ausgestattet sind, haben wir alle die gleichen Rechte und den 752
Anspruch darauf, dass der Staat sie umsetzt. Das heißt, dass 816
er die Menschenrechte durch seine Rechtsordnung absichert und 880
die tatsächlichen Voraussetzungen dafür schafft, dass alle 940

ihre Rechte gleichermaßen wahrnehmen können. Der Begriff 1000
„Inklusion“ entstand erstmals in den 70er-Jahren in den USA, 1068
als Mitglieder der Behindertenbewegung eine volle 1120
gesellschaftliche Teilhabe einforderten. Obwohl damit alle 1181
Lebensbereiche gemeint sind, hatten ihre Forderungen zunächst 1245

vor allem Auswirkungen auf den Bildungsbereich. Das Recht auf 1311
Bildung ist aufgeführt im Artikel 24 des Übereinkommens über 1375
die Rechte von Menschen mit Behinderungen (BRK). Darin steht 1445
zum Beispiel: „Alle Kinder sollen in die gleichen Schulen 1509
gehen. Kinder mit einer Behinderung und nicht beeinträchtigte 1573

Kinder sollen gemeinsam lernen usw.“ Dies führte 1994 zur 1634
sogenannten Salamanca-Erklärung der UNESCO-Weltkonferenz. Dort 1703
beschlossen Vertreterinnen und Vertreter von 1750
Nichtregierungsorganisationen und von rund 90 Staaten das 1810
gemeinsame Ziel „eine Schule für alle“. Auch in Deutschland 1876

ist Inklusion im Bereich Schulbildung ein Thema. Vielerorts 1941
konnte das Modell der „inklusiven Schule“ schon eingeführt 2004
werden – eine Schule, die sowohl behinderten als auch nicht 2065
behinderten Schülerinnen und Schülern einen Unterricht 2123
ermöglicht – und die Anzahl steigt ständig. 2167

Abschrift „Jugendschutzgesetz“

1 Erfasse die Abschrift als Fließtext, dabei bleibt der Blick auf der Vorlage.

2 Schreibe dich zuerst ein. Stelle dir dann einen Wecker auf 10 Minuten.

3 Kontrolliere anschließend deine Fehler. Übe häufige Fehler wie auf Seite 13 beschrieben.

4 Je öfter du einen Text übst, desto weiter wirst du kommen. Schreibe es dir mit.

Seitenränder: links 2,5 cm; rechts 2,5 cm. Schrift: Courier New, 12 pt Anschläge

Das Jugendschutzgesetz (JuSchG) dient dem Schutz der Jugend in 72
der Öffentlichkeit. Es regelt in den §§ 1 - 30 unter anderem 138
den Verkauf, die Abgabe und den Konsum von Tabak oder Alkohol 205
und die Abgabe von Filmen und Computerspielen. Auch der 265
Aufenthalt in Gaststätten und bei Tanzveranstaltungen ist 326

geregelt. Einige Beispiele: In Gaststätten, Verkaufsstellen 392
und allgemein in der Öffentlichkeit gilt: Die Abgabe (Verkauf, 461
Weitergabe) von Tabakwaren und anderen nikotinhaltigen 519
Erzeugnissen an Kinder und Jugendliche ist verboten. Auch der 585
Konsum von Tabakwaren darf unter 18-Jährigen nicht gestattet 649

werden. Die Abgabe von alkoholischen Getränken wie Schnaps 712
oder alkoholhaltige Lebensmittel wie Weinbrandbohnen an Kinder 778
und Jugendliche unter 18 Jahren ist verboten. Für Tabak- und 843
Alkoholprodukte besteht in allen Kinos ein Werbeverbot vor 905
18:00 Uhr. Computerspiele müssen wie Kino- und Videofilme mit 972

einer Altersfreigabekennzeichnung versehen werden. Diese 1030
dürfen in der Öffentlichkeit (zum Beispiel in Handel und 1091
Videotheken) nur an Kinder und Jugendliche abgegeben werden, 1156
die das gekennzeichnete Alter haben. In Gaststätten und bei 1219
öffentlichen Tanzveranstaltungen (zum Beispiel in Diskotheken) 1287

gelten Alters- und zeitliche Aufenthaltsbeschränkungen. Der 1350
Aufenthalt in Nachtbars und Nachtclubs darf Kindern und 1410
Jugendlichen unter 18 Jahren nicht gestattet werden. Auch der 1475
Aufenthalt in öffentlichen Spielhallen darf Kindern und 1534
Jugendlichen unter 18 Jahren nicht gestattet werden. Ebenso 1597

ist ihnen das Spielen an Geldspielgeräten in der Gastronomie 1661
nicht erlaubt. Das Bundesfamilienministerium hat gemeinsam mit 1726
der Bundesarbeitsgemeinschaft Kinder- und Jugendschutz (BAJ) 1795
das Faltblatt „Glücksspiel: Nix für Jugendliche" 1851
herausgegeben. Das Faltblatt informiert Gastwirte über den 1913

Glücksspiel-Paragrafen des Jugendschutzgesetzes (§ 6) und 1977
fasst die aktuellen Regelungen zusammen. Zuwiderhandlungen 2038
gegen die gesetzlichen Verbote des Jugendschutzgesetzes können 2103
als Ordnungswidrigkeiten mit einem Bußgeld bis zu 50.000 € 2165
oder als Straftaten geahndet werden. 2202

Schreibregeln nach DIN 5008

	Regel	Beispiel
1.	Nach jedem Wort folgt ein Leerschritt.	Ich schreibe die Aufgabe in mein Heft.
2.	Satzzeichen folgen dem vorangegangenen Wort ohne Leerschritt. Der Leerschritt folgt erst danach.	Wir erstellen die Präsentation für den IT-Unterricht, wenn heute mein Schulfreund vorbeikommt.
3.	Bei Abkürzungen folgt der Abkürzungspunkt ebenfalls dem vorangegangenen Wort ohne Leerschritt. Am Satzende gilt dieser gleichzeitig auch als Satzschlusspunkt.	An der Aktion werden ca. 20 Schüler teilnehmen. Sie brauchen dafür Stifte, Blöcke usw.
4.	Zwischen zwei ▷ Absätzen ist eine Leerzeile einzuhalten. Das gilt auch vor und nach zentrierten oder eingerückten Textteilen sowie vor und nach Aufzählungen.	Konrad Zuse erfand 1941 den ersten funktionstüchtigen Rechner der Welt. Er steht heute im Deutschen Museum in München. (...) Es ist wichtig, den Energieverbrauch von elektronischen Geräten zu senken. Dieses Bemühen wird auch als Green IT bezeichnet. (...)
5.	Bei Hervorhebungen werden die Satzzeichen ebenfalls hervorgehoben.	GIMP ist ein **Bildbearbeitungsprogramm, das viele unterschiedliche Funktionen beinhaltet.**
6.	Nach Zahlen folgt ein Leerschritt.	30 Hüte, 33 Mäntel
7.	Kombinationen aus Wörtern und Zahlen schreibt man mit Bindestrich – nicht jedoch vor Nachsilben (ein 10tel ...).	3-jährig, 5-teilig, 3-Zimmer-Wohnung
8.	Nach Ordnungszahlen steht ein Punkt, danach folgt ein Leerschritt.	1. Platz, 9. Februar, 3. Stufe
9.	Dezimale Teilungen werden mit einem Komma gekennzeichnet. Bei ungefähren Werten oder gerundeten Zahlen können Komma- und die Nachkommastellen entfallen.	0,30 kg, 2,6 t, 3,50 €
10.	Zahlen mit mehr als drei Stellen werden durch einen Leerschritt gegliedert. Bei Geldbeträgen wird zur Sicherheit ein Punkt verwendet.	300 000 Einwohner, 1.230,10 €, 30.120,21 €
11.	Anführungszeichen grenzen den Text ohne Leerschritte ein. Sie können "oben" oder „unten und oben" stehen, je nach Systemeinstellung. Im Deutschen verwenden wir die Schreibweise „unten und oben".	Er sagte: „Heute ist aber ein Mistwetter!" Daraufhin spannte er den Schirm auf.
12.	Die Vorklammer grenzt ohne Leerschritt an das Wort.	Frankfurt (Oder), die Clique (Aleyna, Tim, Marie und Luca) kam zu spät.
13.	Die Nachklammer folgt dem Wort ohne Leerschritt.	a) Äpfel, b) Birnen
14.	Nach Sonderzeichen folgt ein Leerschritt. Außerdem dürfen sie nur in Verbindung mit Zahlen verwendet werden.	§ 31 AGB, 49,00 $, Das Buch kostet 9,99 €. **ABER:** Wie viel Euro kostet das Buch?
15.	Wird mehr als ein Paragraf genannt, folgen zwei Paragrafenzeichen direkt aufeinander.	§§ 1–3 der Satzung
16.	Das „Firmen-und" darf nur in Firmenbezeichnungen verwendet werden.	Mair & Ohnesorg GmbH, Kluge & Hofer

17.	Die Raute kann als Nummernzeichen verwendet werden. Die Zeichen * und + stehen auch für geboren und gestorben.	# 7, * 1451, + 1506
18.	Das Gradzeichen ist als Temperaturangabe mit C als Celsius fest verbunden.	-41 °C, 22° S (22° südlicher Breite)
19.	Vor und nach dem Schrägstrich (Slash und Backslash) stehen keine Leerschritte.	km/h, Schuljahr 2017/2018, C:\Benutzer\Tim
20.	Uhrzeiten bzw. Zeitangaben werden mit einem Doppelpunkt und zweiteilig gegliedert; Ausnahme: ungefähre Angaben.	01:20:03, 00:31 Uhr **ABER:** gegen 13 Uhr
21.	Postleitzahlen werden nicht gegliedert. Sie sind immer 5-stellig.	80336 München, 90552 Oberasbach, 95444 Bayreuth
22	Postfachnummern werden von rechts beginnend in Zweierschritten gegliedert.	Postfach 49 30 11, Postfach 4 94 49
23.	Telefonnummer und Vorwahl werden durch einen Leerschritt, die Durchwahl mit Bindestrich gegliedert. Bei Angabe der Ländervorwahl wird diese vor die Vorwahl geschrieben. Die 0 der Vorwahl entfällt.	Tel. 0123 994-312, Tel. 012 82431, Tel. 0049 12 1327783
24.	Das Datum kann numerisch (in Ziffern) oder alphanumerisch (Ziffern/Buchstaben) angegeben werden. Die Jahresangaben werden zwei- oder vierstellig angegeben. Bei der alphanumerischen Schreibweise entfällt bei einstelligen Tagen die Null.	09.02.17, 09.02.2017, 9. Februar 2017
25.	Der Apostroph steht für ausgelassene Buchstaben oder dient als halbes Anführungszeichen.	Er meinte: „Das Model ‚ANNABEL' kommt Anfang April.", Marina jammert: „Ach, hätte ich's doch vorher gewusst!"
26.	Der Mittestrich kann mit und ohne Leerzeichen verwendet werden.	**Mit Leerzeichen:** • Der Mittestrich als Gedankenstrich: „Das Turnier – es war sein erstes – ist verloren." • Der Mittestrich als Zeichen für „gegen": „1. FC Nürnberg – SpVgg Greuther Fürth" • Der Mittestrich in Streckenangaben: „Nürnberg – Ingolstadt – München" • Der Mittestrich als Zeichen für „bis": „9 – 14 Uhr" • Der Mittestrich als Aufzählungszeichen: – 1 kg Zucker – 2 Bananen – 300 g Gouda • Der Mittestrich als Rechenzeichen: „3 – 2 = 1" **Ohne Leerzeichen:** • Der Mittestrich als Bindestrich: „T-Shirt", „Karl-Heinz", „4-Zimmer-Wohnung" • Der Mittestrich als Worttrennungsstrich: „Mit seiner Mannschaft gewann Tim das Fuß-ballturnier." • Der Mittestrich als Wortergänzungsstrich: „Vor- und Nachname", „flussaufwärts und -abwärts"

Glossar

Absatz
Zur besseren Lesbarkeit werden Texte in inhaltlich zusammenpassende Blöcke gegliedert. Dazu wird nach dem letzten Satz eine Zeilenschaltung eingefügt. Ein Textblock wird Absatz genannt.

Cursor
Der blinkende Strich auf deinem Bildschirm nennt sich Cursor. Er markiert die aktuelle Bearbeitungsposition – hier werden deine Tastatureingaben eingefügt. Im Deutschen wird er auch als Schreib- oder Einfügemarke bezeichnet.

Datei
Alle Objekte, die du auf einem Computer speicherst, werden in Form einer Datei gespeichert. Dies können Fotos, Filme, Videos, Texte und noch vieles mehr sein. Die Dateiendungen wie .jpg (Fotos) oder .doc (Dokumente) entscheiden darüber, um welche Art von Datei es sich handelt.

Dokument
Ein Dokument ist eine Datei im Computer, die Texte und manchmal auch Bilder enthält.

Grundstellung
Die Grundstellung bezeichnet die Lage der Finger der linken Hand auf ASDF, der rechten Hand auf JKLÖ und der Daumen über der Leertaste. Durch kleine Erhebungen auf den Tasten F und J lassen sie sich auch ohne Blickkontakt finden.

Kontextmenü
Das Kontextmenü kannst du mit der rechten Maustaste öffnen. Dabei ist es wichtig, wo sich dein Mauszeiger gerade befindet. Dein Programm versucht im Kontextmenü immer genau die Befehle anzuzeigen, die perfekt zu der Position deines Mauszeigers passen.

Menüband
Aktuelle Versionen von Word nutzen statt einer Menüleiste sogenannte Menübänder, um die Vielzahl an Schaltflächen zu sortieren.

Menüleiste
Die Menüleiste ist die Zeile mit Wörtern oben im Programmfenster. Bei modernen Programmen ist sie manchmal versteckt und du musst zuerst die Taste [ALT] drücken, um sie einzublenden. In den aktuellen Versionen von Microsoft Office wurde sie durch die Menübänder ersetzt.

Spreizgriff
Bei einem Spreizgriff bewegen sich deine Finger nicht nach oben oder unten. Sie spreizen sich auseinander, wie bei einem Fächer, und bewegen sich zur Seite. Achte darauf, dass mindestens ein Finger der Hand in der Grundstellung bleibt. Nur dann kannst du danach flüssig weiterschreiben.

Textverarbeitungsprogramm
Dieses Programm wird genutzt, um Texte zu schreiben und zu gestalten.

Zeichen
Alle einzelnen Buchstaben, Zahlen, Sonderzeichen und Symbole, die du mit der Tastatur in dein Textverarbeitungsprogramm einfügen kannst, werden Zeichen genannt.

Zeichenformatierungen
Damit werden alle Veränderungen bezeichnet, die für jedes einzelne Zeichen geändert werden können. Du könntest zum Beispiel in einem einzigen Wort jeden Buchstaben in einer anderen Schriftgröße anzeigen lassen.

Zwischenablage
Die Zwischenablage ist ein Speicher des Computers. Du kannst dort meist mit der Tastenkombination [Strg] + [C] Bilder, Texte und Dateien zwischenspeichern. Du kannst die Elemente von dort so oft einfügen, wie du möchtest. Meist funktioniert dazu die Tastenkombination [Strg] + [V]. Sie wird nur vorübergehend während des Arbeitens benutzt.

Quellenverzeichnis

Textquellenverzeichnis
Seite 49: Sophia Kelm: Was tun bei Sonnenstich und Hitzeschlag? Unter: http://www.apotheken-umschau.de/Gehirn/Was-tun-bei-Sonnenstich-und-Hitzschlag-176389.html (Zugriff am 07.06.2017)
Seite 51: Geschichte des Waldes. Unter: http://www.sdw.de/waldwissen/oekosystem-wald/geschichte-des-waldes/index.html (Zugriff am 07.06.2017)
Seite 66: erstellt aus: http://www.inklusion-als-menschenrecht.de/, Zugriff vom 03.01.2018; Der Begriff "Inklusion" (Auszüge). Nach: http://www.prima-arbeiten-und-leben.de/inklusion-was-ist-das, Zugriff 12.03.2018. Rechte bei SOZIALHELDEN e.V., Berlin.
Seite 67: https://www.bmfsfj.de/bmfsfj/service/gesetze/jugendschutzgesetz/86286?view=DEFAULT, Zugriff vom 03.01.2018

Bildquellenverzeichnis
4 iStockphoto (bestsale), Calgary, Alberta; **5.1** Fotolia.com (aldarinho), New York; **5.2** Fotolia.com (eranicle), New York; **5.3** Fotolia.com (samsonovs), New York; **14.1** Microsoft GmbH, Unterschleissheim; **14.2** Microsoft GmbH, Unterschleissheim; **15.3** Microsoft GmbH, Unterschleissheim; **16** iStockphoto (psphotograph), Calgary, Alberta; **17.1** Fotolia.com (Comofoto), New York; **17.3** iStockphoto (lechatnoir), Calgary, Alberta; **17.2** Fotolia.com (goodluz), New York;

Sollte es in einem Einzelfall nicht gelungen sein, den korrekten Rechteinhaber ausfindig zu machen, so werden berechtigte Ansprüche selbstverständlich im Rahmen der üblichen Regelungen abgegolten.

1. Auflage

1 5 4 3 2 1 | 22 21 20 19 18

Alle Drucke dieser Auflage sind unverändert und können im Unterricht nebeneinander verwendet werden.
Die letzte Zahl bezeichnet das Jahr des Druckes.

Programmbereich Klett-Auer

Autoren: Bernhard Seibert, Buttenwiesen; Cornelia Seibert, Donauwörth

Redaktion: Julia Scherer
Herstellung: Christopher Jakob

Layoutkonzeption: Katja Maier
Umschlagfoto: Thomas Weccard, Ludwigsburg
Illustrationen: Jörg Mair, München; Sabine Wiemers, Düsseldorf
Satz: tiff.any GmbH
Druck: AZ Druck und Datentechnik GmbH, Kempten/Allgäu

Printed in Germany
ISBN 978-3-12-006999-7

9 783120 069997